スッキリわかる!

今日から使える行動心理学

人の本心は、しぐさや行動で見抜ける!

立正大学名誉教授
齊藤勇 著

ナツメ社

行動から心が読み取れる心理学!?

ど、どうぞ
え
買わないのですか?
うなぎ100円
特に必要だったわけではないので…
ふー
危うくムダ遣いするところでした
どうして人だかりに加わっちゃうんだろう?
他の人と同じことをしたくなったり得をしたいという心理が働くからですよ
そうなんだーっ
自分や人の心がわかれば私ももっとレベルアップできそう!
それなら行動心理学がおすすめですよ
目に見える行動の裏にある心理がわかるんです!
行動心理学
あなたは…何者…?
あ、心理学者の齊藤勇です。

例えばさっきの首をかしげて横を見るしぐさも自分の気持ちを思い出そうとしていたからでは？

このように行動から心が読めるので人づきあいはもちろんビジネスや恋愛にも活かせます！

社会の様子や消費者の心理もわかりますよ
行動心理学に興味がわいてきませんか？

ね
おもしろそう！

でも…

心理学って専門用語やデータが多くて難しそう…

大丈夫！心理学ってとってもおもしろいんですよ！

それでは
まずは心理テストから！

ひゃ〜〜

いくよー♪

心理学がグンと身近になる

心理テスト

これまで気づかなかった、あなたの心が見えてきます。

1 意中の人をお茶に誘ったとき、あなたが選ぶ席は？

①**カウンター席**

②**2人掛けテーブル**

③**4人掛けテーブル**

④**テラス席**

2 大掃除中、棚の裏をのぞくと絡（から）まった家電のコードが。あなたはどうする？

①**ほどききる**

②**ほどこうとするがあきらめる**

③**放っておく**

④**新しいコードに替える**

3 あなたの会社のオフィスが転居。転居先は15階建てビルの何階？

①**地下1階**

②**7階**

③**15階**

←解説は P7 へ

4 山奥で遭難したあなた。夜、空腹になったあなたはどうする？

①もしもに備えて持っていた物を食べる

②木の実や植物を採って食べる

③魚を釣って食べる

④救助が来るまで動かない

5 あなたは夢の中で公園にいます。誰といっしょにいる？

6 友人とカラオケに来たあなた。いちばんはじめに何をする？

①トップバッターで好きな曲を歌う

②時間をかけて歌う曲を選ぶ

③友人にリクエストをする

④ドリンクやフードを注文する

←解説は P8 へ

解説

1 あなたの度量の大きさがわかる

意中の人と座ったときの距離感から、あなたが何を受け入れにくいかがわかり、度量の大きさがうかがえます。

①カウンター席

雰囲気を重視するタイプ。気遣いができるが、その分相手にも見返りを求めてしまう。

②2人掛けテーブル

物事を明確にしたいため、秘密や隠しごとが嫌いなタイプ。反面、表に表れない心遣いには気づきにくい。

③4人掛けテーブル

個人的な話や、相手には関係のない話はしたくないタイプ。相手に拒絶と受け取られてしまうことも。

④テラス席

まずは自分が楽しむことを第一に考えるタイプ。周りの人への配慮が足りないこともあるので要注意。

←行動から本音を見抜くには…第1章へ GO！

2 あなたの情の厚さがわかる

絡まったコードは人間関係のもつれを表します。もめ事にどう対処するかで、あなたの人情の厚さがわかります。

①ほどききる

絡まったコードをほどききるあなたは、解決するまでもめ事にきちんと対処する情に厚い人。

②ほどこうとするがあきらめる

もつれた関係を改善しようとする情の厚さはあるものの、あきらめも早いため、浅い関係になりがち。

③放っておく

もめ事が起こっても気にしないあなたは、他人への関心が薄いのかも。もう少し他人のことも気にかけると◎。

④新しいコードに替える

人間関係がもつれるとアッサリ縁を切ってしまうあなたは、ひとりで生きていける一匹狼。

←行動から性格を知るには…第2章へ GO！

3 あなたの出世願望がわかる

会社のオフィスの位置の高さは、あなたの出世願望を表します。位置が高いほど出世願望が強い傾向にあります。

①地下1階

出る杭になりたくないタイプ。出世なんかせずに目立たないままでいたい。損な役回りになっていませんか?

②7階

出世はしたいが人の恨みは買いたくないお人好し。揉め事は少ないが、手柄を横取りされることには要注意。

③15階

出世願望が強く、出世のためならあらゆることを犠牲にしても仕方ないと考える。実績が伴えば◎。

←仕事で出世するには…第3章へ GO！

4 あなたの金銭感覚がわかる

出口のわからない山奥で空腹な状態は、欲しいものがあるのにお金がない状況を暗示しています。どう対処するかで、お金をどう工面するかがわかります。

①もしもに備えて持っていた物を食べる

いざというときのため、日頃から貯金している。ただし気が向いたときだけなので、小出しに使ってしまう。

②木の実や植物を採って食べる

必要なだけお金を手に入れるためにバイトをするなど、手っ取り早い方法をとるタイプ。

③魚を釣って食べる

あればあるだけ使ってしまう浪費家。欲しいものが高額の場合は、くじやギャンブルに賭けることも。

④救助が来るまで動かない

物欲があまりないタイプ。たとえ欲しくても、お金がなければアッサリあきらめてしまう。

←消費者行動の心理を知るには…第4章へ GO！

5 あなたの恋愛対象がわかる

夢の中に現れる公園は、愛を語り合う場所です。つまりいっしょにいる人物はあなたの恋愛対象。誰ともいっしょにいないなら、寂しさを抱え、欲求不満な状態を表しています。または恋愛や性的欲求の対象がいなくても平気なタイプかもしれません。

←恋を叶えるには…第5章へ GO！

6 あなたの集団でのふるまいがわかる

カラオケで最初にとる行動は、協調性を表します。集団におけるあなたの行動がわかります。

①トップバッターで好きな曲を歌う

集団に必要なリーダータイプ。やや協調性に欠けるところもあるため、周りの意見も聞くようにすると◎。

②時間をかけて歌う曲を選ぶ

周囲を気にせずマイペースに行動するタイプ。周りが盛り上がるなか、ひとりテンションが低いことも。

③友人にリクエストをする

協調性があり、空気を読んだ行動をとる。集団行動が得意だが、人に流されやすい傾向もある。

④ドリンクやフードを注文する

縁の下の力持ちタイプ。周りから好意や信頼を寄せられるが、自ら壁をつくりがち。自分も楽しむことが大事。

←集団行動の心理を知るには…第6章へ GO！

はじめに

人間関係に悩んだとき、仕事で交渉がうまくいかなかったとき、好きな人の気持ちがわからないとき、「人の心が読めたらいいのに」と思ったことはありませんか？

そんなときに役立つのが、行動心理学です。人の様子や言動といった、見聞きできる行動から、その裏にある心理を明らかにします。例えば、「頭をかいている人は強いフラストレーションを感じている」「〝なるほど〟が口癖の人は聞くよりも話したいと思っている」などといった具合にです。

心を見ることはできませんが、動作やしぐさ、表情などといった実際の行動は見ることができます。そこから本心を探ることができるのです。そのため、行動心理学の範囲は多岐にわたります。言い換えれば、それだけ皆さんの身の周りのさまざまな場面で役に立つということです。行動から自分や人の心理を理解できるようになれば、よりよい関係を築くことができますし、これを応用すれば、心を読み取るだけでなく、人を動かすこともできます。

本書では、難しいイメージのある心理学を、理論や実験を交えつつ、日常のテーマを中心にわかりやすく紹介しています。人づきあいや恋愛、ビジネス、買い物、集団行動など、さまざまな場面で役立てていただけたら幸いです。

齊藤　勇

第2章 どんな人? 行動からわかる性格と心理

第3章 仕事で役立つ! デキる人間から学ぶ行動

第4章 実は買わされている!? 消費者行動の心理

第5章 恋をゲット！ 行動で操れるあの人の心

恋愛難民になってしまう理由

How to 恋を手に入れるテクニック **アプローチしよう！**

幸せな関係が長く続く2人

家族になってからの心理学

COLUMN+

第6章 しくみがわかる！ 行動からみた世の中

ミニコラム目次

第1章

一目瞭然！

行動に表れる本音

どんな行動にもワケがある

しぐさでわかるなんてすご〜い!
ポリポリ
…疑ってますね?
▶P57
え?
その耳をかくしぐさ…
なんで?
ちがいますー! 耳がかゆかっただけでっ
そうですか…
ホントですよっ
まもなく東京 東京です
はー緊張するなぁ
ついたー
ダメダメ!
初対面では見た目が大切! 笑顔を忘れずにね!
グッドラック
!
ハイ!
▶P52
あの…
PM Cafe
○○街コン
本日貸切
本音の表れる行動を逆手にとれば自分を魅力的に見せられる

ふとしたしぐさに表れやすい本音

電車では端の席に座ってひと安心

◆電車では端の席からうまる

ガラガラに空いている電車の席に座るとき、ほとんどの人が迷わず端の席を選びます。シートの真ん中にデーンと横たわるような大胆な人は酔っ払いくらいで、大抵はシートの端のほうから席がうまっていくものです。

その理由は行動心理学でちゃんと説明がつきます。人は、広い場所にひとりポツンと置かれると不安になるからです。その点、端の席では体の左右どちらかが壁や手すりによって自分のスペースをしっかりと確保されています。背もたれと壁、手すりで体の2面を守られているため安心することができるのです。

◆片側だけ警戒すればいい

端の席を選ぶのには、別の意識が働くこともあります。それは、進化心理学的な深層心理からくる「**防衛本能**」によるものです。

太古の昔、人は生き延びるためにつねに周囲に注意し、危険から身を守ってきました。この場合、自分の全方位を警戒するより、岩陰(いわかげ)に身を隠したり洞窟に潜んだりすることでリスクを減らしてきました。端の席を選ぶのは、背中と体の片側を安全圏にすることで警戒の範囲を絞ることができ、より安心できるからなのです。

また、端の席なら自分のテリトリーを侵害されるリスクが半減できるメリットもあります。

電車やお店で
端の席からうまって
いくのには、
きちんと理由が
あるのです。

プラスα 端の席が好まれるのは心理学的な理由以外もある。手すりや壁に寄りかかって居眠りしやすい、手すりに傘をかけられる、すぐに降りられるなど、利便性を優先したためという人も多い。

席の選び方にも性格が出る

先客さえいなければ、人にはもともと座りやすい席があるものです。お店や図書館などで好きな席を選べるとき、どの席を選んだかでその人の性格がわかります。

①入口近くの席

素早く出入りがしやすい席。ここを選ぶ人は決断が早く、行動力もある人。反面、物事を深く追求しない傾向も。

②中央の席

この目立つ席を選ぶ人は、自信満々で自己顕示欲が強い。または人の目を気にしない人や、他人に無関心な人。

③カウンター席

目の前に壁しかないカウンター席を選ぶ人は、自分の世界に没頭したい人。周りとかかわりたくない内向的なタイプ。

④壁際の席

壁に背を向けて座る人は、人間観察が好きな野次馬タイプ。基本的には内向的だが、好奇心が旺盛。

⑤奥の席

空間や人の行動を見渡せるため、安心感がある席。場の空気を大事にし、周りに気を配る防衛的タイプが選ぶ。

ミニコラム

「いつもの席」は指定席？

喫茶店や図書館などの席で、自分の指定席のように利用する、自他共に認められた場所というのがあります。いわゆる「いつもの席」です。専門的には「2次的テリトリー」と言います。実際には誰にも独占権はないのですが、「そこは私の席です」と言われると、バッグなどの所有マーカー*が置いてなくても、ほとんどの人は抵抗せず席を譲ってしまいます。

*所有マーカー　公共の場所で、いわゆる"席取り"のために置く物のこと。上着やコート、バッグなどが置かれていると、その席はすでに誰かのものと認識されて避けられ、キープすることができる。

ふとしたしぐさに表れやすい本音

つま先は関心のあるほうに向く

◆人は脚まで意識を配れない

〝目は口ほどにものを言う〟と言いますが、目よりも雄弁にその人の性格や心理状態を表している部位があります。それは脚です。

人は嘘をつくとき、当然それが相手にバレないように芝居をします。表情をコントロールし、いかにも真に迫った言葉遣いを駆使します。こんな経験は誰にでも覚えがあるはずです。

しかし、どんなにうまく演じたつもりでも脚を見ればバレてしまうことがあります。表情や言葉遣いに集中するあまり、足下がおろそかになっていることが多いのです。まさに馬脚を現す、という状態です。

立ち話では本音は脚が話す

自分では気づかないものですが、脚のしぐさには本音が出ているのですよ。
不安
立っているときに脚を組むのは、不安を感じており、自分を守りたいという気持ちの表れ。
帰りたい
つま先が出口を向いているのは、相手に興味がなく、この場から早く離れたいとき。

プラスα 男性はふだん履いている靴で気質がわかる。紐のある靴を好む人は安全志向、紐なしで実用・機能性重視なら積極的、ブーツなどのがっしりした靴は一見男っぽいが繊細なタイプが多い。

座ったときは脚の様子に注目！

言葉や表情から本音が読めなくても、脚を見ればその人の性格や心理状態がわかります。特に公共の場にいるときに顕著に表れます。

目立ちたい

膝に足首をのせて座る人は、自分をアピールしたいという、自己顕示的な傾向が強い。

虚勢を張っている

脚を広げて座るのは、自分のテリトリーを広げたいから。強がっていたり、他人を拒絶している様子。

完璧にしたい

脚を組んで座る人は仕事を完璧にこなそうとするタイプ。一方で不安を感じていることも多い。余裕があるように見せたい場合も。

つまらない

会話中に寄りかかって脚を前に投げ出しているのは退屈さの表れ。脚を閉じてきちんと座っている場合も同様。

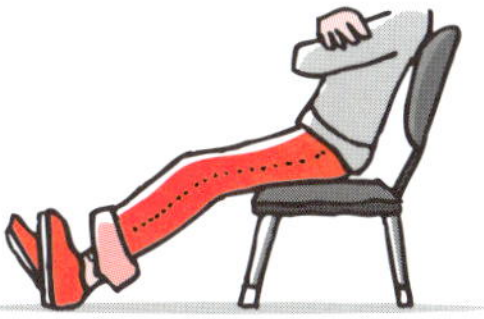

◆「帰りたい」とき、つま先は出口を向く

例えば、デートに誘った相手が楽しんでくれているのか気になるときや、自分に興味を持ってくれているのか知りたいときは、相手のつま先をこっそり観察してみましょう。

顔や体が自分のほうを向いていても、つま先が別方向に向いている場合は、残念ながらあまり興味や好意を抱かれているとは言えません。もし、つま先が出口に向いていたら、それは“帰りたい”というサインです。

そのほかにも、脚の様子がその人の性格や心理状態を示すという事実が明らかになっています。アメリカの臨床心理学者**ジョン・ブレイザー**の調査などにより、脚の組み方や動きにはその人の基本的な性格や特徴と関連性があることが証明されています（上の図参照）。身近な人の脚をよくよく観察してみると、意外な本音が見えてくるかもしれません。

プラスα 椅子に座ると必ず脚を組む人がいるが、脚を頻繁に組み替えるのはその場に退屈している証拠。気分を変えるため、たびたび脚を組み替えてしまうのだ。また、欲求不満の表れでもある。

ふとしたしぐさに表れやすい本音

エレベーターでは階数表示を見てしまう

◆エレベーターでは個人の空間が侵害される

人は誰でも自分の周囲にテリトリー（縄張り）をもっています。これを「**パーソナル・スペース**」*、または「**身体的テリトリー**」といい、相手や周囲との関係性によって4タイプあります（P180参照）。ところが、特に親しくもないのに自分の周囲約50㎝以内の、いわゆる「**親密ゾーン**」にやむを得ず侵入を許さざるを得ない状況があります。混雑したエレベーター、電車やバスなど、密室や狭い場所に身を置いたときです。

こうした状況では、不快に思っていても互いに周囲の人にどいてほしいとは言えません。このように対人的ゾーンが無視されたときに働くのが「**親密性の平衡モデル**」です。

つまり、本来の正しい距離感を心理的に保とうとするための行動をとるのです。

周りを無視するために、例えば、エレベーターの階数表示を見つめたり、車内の中吊り広告などに集中したり、人によってはタヌキ寝入りをしたりします。心理的に距離をとることで、不快感を一時的にやりすごしているのです。

エレベーターに
乗ったとき、
目のやり場に
困ったことは
ありませんか?

◆人は光るものに目が行きやすい

混雑したエレベーター内で、階数表示を見つめてしまうのは、先に述べた正しい距離感を保とうとするためですが、別の理由もあります。

人は、新しい刺激がないとすぐに飽きてしま

＊パーソナル・スペース　最も近いのが親密ゾーンで、身の周り約50㎝ぐらいの範囲。その次が友人などの対人的ゾーン、上司や同僚などの社会的ゾーン。最も距離が遠いのは公衆ゾーン（P181参照）。

う性質があり、これを「**心的飽和**（しんてきほうわ）」といいます。

また、何か目新しいものがないか刺激を求めるとき、光るものや小さいものに特に目が行きやすいのです。エレベーターの階数表示をジッと見つめるのには、こうした理由があります。

なお、光るものや小さいものに目が行きやすいのは「**図と地の法則**」によるもの。

図とは意味をもつ形、姿で、メインとなる部分です。地とはその余白に当たる部分のことです。図のどこに着目するかによって、見えるものが違ってきます。この法則を利用したのが「だまし絵」です（左図参照）。

ミニコラム

「図」と「地」は同時には見られない―だまし絵

「図」と「地」が同じくらい目につくと、入れ替わって見えてしまいます。両方を同時に見ることはできず、また、両方に気づくと、片方だけをずっと見続けることもできません。

ルビンの盃

デンマークの心理学者ルビン作。中央の明るい部分に着目すると盃が見え、左右の暗い部分に着目すると向き合った2人の横顔が見える。

ウサギとカモ

左を向いたカモの横顔が見える。カモのくちばしの部分を耳にとらえると、右を向いたウサギの横顔にも見える。アメリカの心理学者ジャストロー作。

プラスα　上図のようなだまし絵を「図地反転図形」といい、ほかに「婦人と老婆」なども有名。オランダの画家エッシャーも数多くの作品を残しており、制作過程では綿密な計算がなされたという。

触ればなぜか気持ちが落ちつく

◆触ることで自分をなだめる

本当か嘘か目を見ればわかる、と思っている人も多いでしょう。しかし、目や顔の表情より本音が出やすいのが「**手や脚**」です。P24で脚の動きに注目するとよいと述べましたが、手も然り。手や指には、心の内が表れます。なかでも注目すべきは、動きと隠すしぐさです。

1つは、手を組んだり、鼻や口など顔のパーツに触ったり髪に触れたりするといった手の動きです。嘘をついているときや不安があると、自分で自分を落ち着かせようと無意識に自分の体に触れてしまうのです。これを「**自己親密行動**」（**自己タッチ**）といいます。このように、言葉以外の部分に見て取れる「**ノンバーバル行動**」*に気づけば相手の嘘を見抜くことが可能であり、逆に言えば手の動作に用心すれば嘘がバレずにすむかもしれません。

◆心の動揺は見せたくない

手の動きに注目する一方で、チェックしたいのが手を隠すしぐさです。例えば、テーブルの下にあって相手の手が見えない場合は、無意識ながら相手の視野から手を隠すことで心の動揺を悟られまいとしているのです。

これとは逆に、両手をテーブルや机の上に開いて置いているときは心を許して、相手がオープンになっている証拠です。

イライラしたり落ちつかないとき、髪に触れたり、手を動かしたりしていませんか?

*ノンバーバル行動　言葉以外の要素や行動で相手に訴えかけること。特に好意を受けとるときは、表情やしぐさ、声のトーンなど、言葉以外の要素が判断の大部分を占めることがわかっている。

心をしずめる手ぶりは2パターン

安心したい!
触る

体をたたいたり触ったりする落ちつきのない行動も、不安やストレスのある自分をなだめるため。

・指を握る、手を組む
・鼻の下を触る
・鼻や頬（ほお）、髪を触る
・首や額（ひたい）を触る
など

本心を隠したい!
隠す

ポケットに入れて手を隠すのは、無意識のうちに、心の動きを悟られまいとしているから。

・動揺を隠すために手を組む
・机の下に手を隠す
・後頭部に手をもっていく
など

ミニコラム 嘘をつくと鼻がムズムズする?

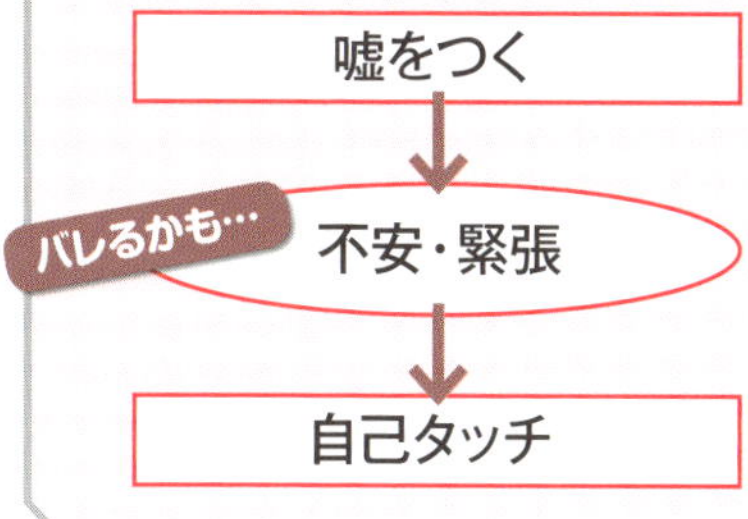

嘘をついているときや緊張しているときのしぐさで代表的なのが鼻を触るというもの。さりげなく鼻を触りながら嘘を言った口元を隠そうとしたり、動揺をしずめるために自分の体にタッチする自己親密行動をとっているのです。

キーワード **ピノキオ効果** 童話「ピノキオ」で嘘をつくと鼻が伸びるというシーンからきた言葉。実際、嘘をつくと、鼻周辺の体温が上昇することがサーモグラフィーによる計測で確認されている。

ふとしたしぐさに表れやすい本音

「気をつけ」は従順の姿勢

◆左右対称なほど緊張している

手や脚など体のパーツを観察することで相手の本音を探ることができますが、ほかにも立ち姿や姿勢を見るだけで、その人の心理状態を推測することができます。

単に立っているだけ、あるいは座っているだけの姿勢にも本音や心情が隠れているのです。

例えば緊張しているとき、人は左右対称のピシッとした姿勢になります。背筋が伸び、精神的な緊張から体も固くなるからです。上司の前で部下が両腕を体の左右につけ、直立不動の姿勢をとっているのは、その上司に対して従順であることを示しているからなのです。

◆姿勢から上下関係が見えてくる

左図にもあるように、その人の立場によって姿勢は変わります。上司と部下が対面する場合、上司はリラックスし、部下は緊張の姿勢を保つのが一般的です。状況によっては上司が威厳を示す姿勢をとったり、逆に部下が上司に対抗する意識があるときは両脚を開いて立つなど、威嚇の姿勢をとったりする場合もあります。

そのほか、相手の姿勢が前傾しているか、後ろに引き気味になっているか、体の向き、腕を組んで閉鎖的な姿勢をとっているか、あるいは腕を広げて開放的な姿勢をとっているかによって言葉に表れない本音が見えてきます。

姿勢から、
緊張しているか
リラックスして
いるかが
わかるんです。

プラスα 本音を見抜くには、汗や顔色の変化といった自律神経信号を見るのが最も信憑性（しんぴょうせい）が高い。貧乏ゆすりなどの脚の動き、前傾や後ろに反るといった姿勢、手の動きも信用できる。

立場によって姿勢は変わる

動物は、自分を守るときは前傾の閉じた姿勢をとり、安全なときは後傾の開いた姿勢をとります。姿勢からは、緊張しているかどうかもわかるため、関係性まで見えてきます。

威嚇している

自分を大きく見せる姿勢。脚を開いて「男らしさ」も表している。

威厳を示している

後ろで手を組む姿勢は尊敬されるが、ときに尊大に見え、マイナスイメージ。

心に余裕がある

腕も脚も広げた開放的な姿勢。リラックスしていて、安心感もある。

緊張している

姿勢が左右対称なほど緊張度が高い。手を前で組むのは自分を守ろうとしている。

従順にしている

両脚までピッタリとつけた直立不動の姿勢は、従順さの表れ。

受け身でいる

肩がすくみ、手のひらが上を向いているときは、消極的・受動的な状態。

プラスα 人は、嘘をつくときも緊張のために妙に姿勢がよくなりがち。椅子に浅く腰掛けているときは緊張している証拠。リラックスしているときは、深く座り、背中ももたれていることが多い。

ふとしたしぐさに表れやすい本音

威張りたくて腕を組んでいるわけではない

◆周りをシャットアウトして自分を守る

腕を組んでいる姿を見ると、多くの人は〝なんだか怒られているみたい〟だとか、〝威張っているように見える〟と感じるでしょう。それは、腕を組むことで自分を守る壁をつくり、他者が自分のテリトリーに干渉してくるのを防ごうとしているからです。

他者を排除することには、「自分を守りたい」「自分を安心させたい」といった、防衛的な心理が働いています。

これはP28でも述べた「**自己親密行動**」や「**自己タッチ**」の1つです。この場合は、まるで自分で自分の体を抱きしめるような形で腕を組むのですが、これは不安や寂しさを感じているからです。幼い頃の、母親に抱きしめてもらっていたような安らぎを求め、自分の体に触れているというわけです。

また、腕組みは、自分の世界に集中しているときにも見られます。いわば、周囲や他者への拒否のサインと言えます。その分、腕組みをすると心が閉鎖的になり、外部からの情報が入りにくくなるので、社会的な場面（職場や公の場面）では避けたほうがよいでしょう。

また、腕組みは見ている人にネガティブな印象を与えるだけでなく、自分の心理状態にもネガティブな影響を与えるということも、実験からわかっています。

腕組みをするとなんとなく安心するという人は、意外にも多いのですよ！

プラスα 体のパーツの動きには心理状態を表すものが多い。腕の動きは自己保身に関連するもの、足の動きは性的関心を、胴体の動きは不安を表す傾向がある。

敵意のアリ・ナシは手の形次第

腕を組んでいるときの心理状態は、手を見てもわかります。不安感が強いと二の腕をつかみ、敵意が強いと拳をつくる傾向にあります。より自分を安心させたい場合には、肩やわきの下を抱くこともあります。

◆攻撃的なときもある

一般的に腕組みから受ける印象の通り、腕組みのポーズには行動心理学的に見ても、確かに攻撃的な意味をもつ場合があります。それは、相手に対して敵意や警戒心があり、対抗的な心理状態にあるときです。

特に男性や、上司などが部下に対して腕を組んでいるときは、自分の強さや地位をアピールし、相手を威圧している場合が多いでしょう。

実験

腕組みをすると自分もネガティブになる？

学生を対象に行った腕組みの実験があります。それによると、腕組みをしながら講義を受けた学生は、リラックスした姿勢で講義を聴いた学生に比べて講義内容に批判的、ネガティブな感情を抱きやすいという結果が得られました。つまり、腕を組むことによって心の状態が影響を受けることが明らかになったのです。

プラスα 腕組みの代わりに別の行為で自己防衛を図るケースもある。男性なら腕時計やカフスをいじるしぐさが、女性ではバッグやクッション、ぬいぐるみなどを胸に抱えるように持つしぐさがある。

目の動きで興味のアリ・ナシがわかる

◆目が合えば人間関係が生まれる

仲のよい友だちや恋人同士だと、あえて言葉を交わさなくても**アイコンタクト**（視線の一致）で互いの気持ちが伝わるものです。また、カフェやレストランなどでも店員と視線を合わせて合図すれば、わざわざ大声で呼ばなくても通じます。このように、アイコンタクトは相手と人間関係を築きたい、意思の疎通を図りたいというときに効果を発揮します。

さらに、心理学者の**ナップ**によると、アイコンタクトには意思の疎通や好意を伝えるといった目的以外にも、反応を見る、敵意を示すといった意味もあります（下表参照）。

アイコンタクトの４つの意味

①反応を見る 自分の意志がきちんと伝わっているか確かめるなど、相手の反応や心情を見るため。	**②連絡をとる** 目で思いを伝えるために、相手の目をとらえようとする。反対にかかわりたくないときは目を伏せる。
③好意や関心を示す 人は好きな人を無意識的に見る。意識的に見るのは、相手の好意を確かめようとするとき。	**④敵意を示す** 威嚇するためににらむ。相手から攻撃されたとき、そらすと負けになるのでにらみ合うことも。

嘘をつくときは目を合わせたくないように、まさに「目は心の鏡」なのです。

アドバイス　アイコンタクトは人種や文化によっても異なり、日本人は直視を避ける傾向が強い。アイコンタクトが苦手な人は、相手の眉や鼻のあたりを見るとよい。

「目は口ほどにものを言う」はホント

向かい合って話しているときの目の様子から、その人の心理状態がわかります。

左右に動かす
相手ではなく、周りに興味がある。話に集中していない。

上下に動かす
周りではなく相手に好意や興味がある。話に集中している。

ほかにも…

- キョロキョロする➡無関心・緊張
- まばたきが多い➡不安・緊張
- 下にそらす➡恐怖・弱気・拒絶・嫌悪
- 目を合わせない➡不安・自信がない
- 上目づかい➡甘え・信頼・服従
- 目が合うとそらす➡意識している
- 見下ろす➡支配欲・自分が格上

など

◆目は本音を語る

色の濃いサングラスをかけ、一体どこを見ているのかわからない相手と話すとき、私たちは不安や居心地の悪さを感じます。アイコンタクトができない相手とは、良好なコミュニケーションが図れないからです。

逆に、相手の目を見れば実に多くのことがわかります。目や視線の動きには、隠そうとしても隠し切れない本音が表れてしまうからです。

動揺したときなどに「目が泳ぐ」とよく言われますが、嘘をついたり何かやましいことがあったりすると、相手と目を合わせるのを避けて、目が泳いでしまうのです。ほかにも、相手の視線の動きを観察することで相手の心理状態を推測することができます。

ちなみに、アイコンタクトの多い人は好感を持たれやすく、逆に目をそらしがちな人はやや神経質な印象を与えることがわかっています。

プラスα　黒目の中心にある瞳孔は光の加減により収縮・拡大するが、感情によっても大きさが変わる。特に、好きな相手や強い興味があるものを見るときには瞳孔が拡大する。

気持ちを隠し切れない表情

目線が右上か左上かで考えていることが違う

◆考えているときは目線も脳に向かう?

よく漫画などで何か考え事をしている人を描く場合、目線が上を向いている様子で表現されます。これは、人は何かを考えるときに目線を上にやることが多いからです。また、何かを思い出すときにも目線が上を向きます。

その理由は、考え事をしたり思い出したりするには脳に集中する必要があるから。意識を脳に向け、答えを出そうとしているのです。

NLP*（Neuro-Linguistic Programming：神経言語プログラミング）という心理療法がありますが、これによると目線の動く方向によって相手が考えていることがわかると言います。

◆目線を左に向けやすい人は直感的

目線の動きにも人によって癖（パターン）があり、目線が右側に向きやすい人は論理的な傾向が強く、左に向きやすい人は直感的な傾向があると言われます。その根拠は脳にあります。

目の動きは、脳の働きと密接な関係があるからです。脳は右脳と左脳からなり、右脳は主に直感的なことや空間的、芸術的なジャンルを担い、一方の左脳は論理的で言語や数学的な思考を主に担っています。

考え事をするときに目線が左側を向く人は右脳がより活発に働いており、逆に右側を向く人は左脳の働きが活発化しているのです。

考えたり
思い出そうと
するとき、あなたは
どこを見て
いますか?

＊NLP　心理学を応用し、言葉、視覚や聴覚といった五感から得た情報をもとに、自分の感情や行動をプログラミングする心理療法の一種。目線の動きはアクセシング・キューの1つ（P60参照）。

目線の向きと脳タイプの関係

何かを考えているときに目線がどこへ向くかで、考えていることや、その人の性格がわかります。

右上を向いているとき

言語や計算について考えている　数字や文章の組み立てなど、分析的・論理的なことを考えている。または、今後起こりうる光景を想像している。

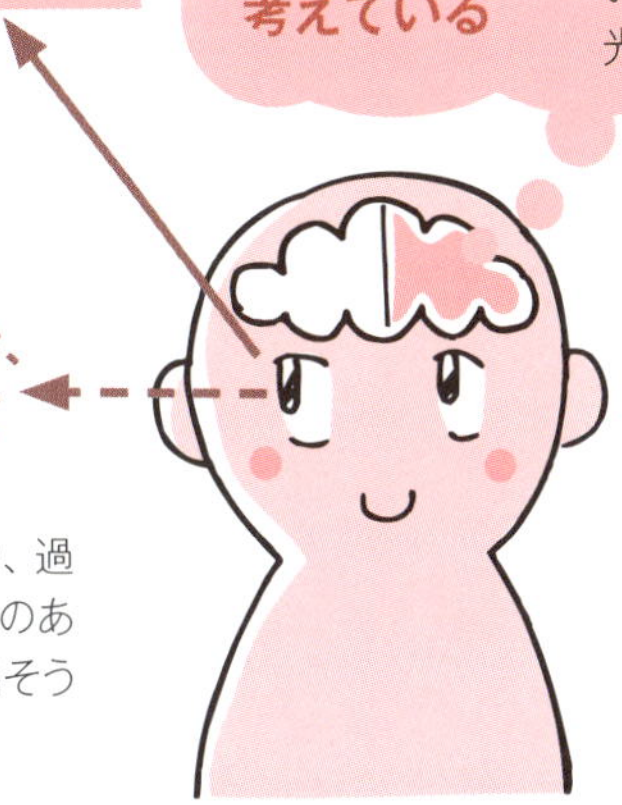

右か左を向き、首をかしげているとき
自分の気持ちや、過去に聞いたことのある音楽を思い出そうとしている。

ふだんから右を見て考える人は

左脳タイプ
- 科学や計算が得意
- 言語能力がすぐれている
- 客観的・分析的・論理的に考える
- 睡眠時間が短い傾向がある

場所や空間をイメージしている　地図を思い浮かべるなど、空間を把握しようとしている。過去の体験や光景を思い出していることも。

左上を向いているとき

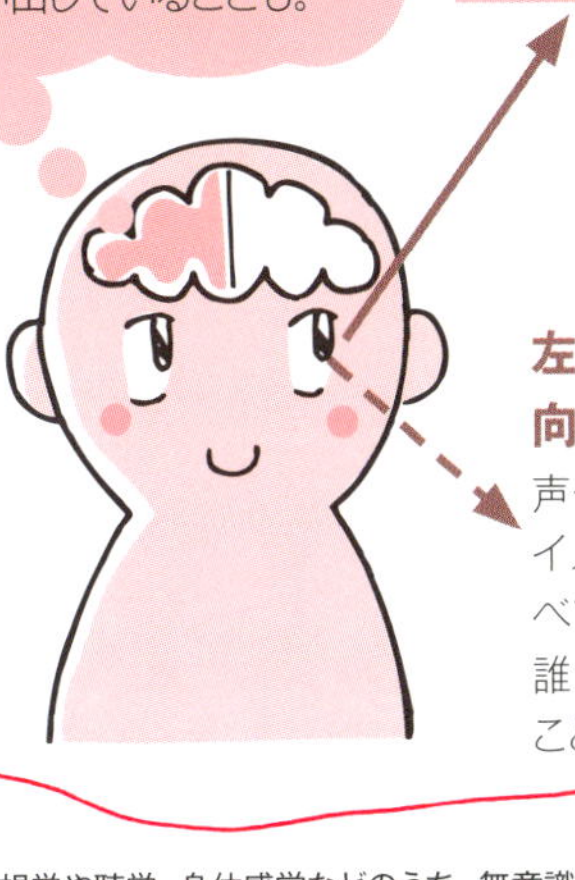

ふだんから左を見て考える人は

右脳タイプ
- 空間や図面をとらえるのが得意
- 芸術的なセンスがある
- 直感的・総合的に考える
- 暗示や催眠にかかりやすい

左下を向いているとき
声や音楽などの聴覚イメージを思い浮かべている。心の中で誰かと会話していることも。

キーワード　アクセシング・キュー　人には視覚や聴覚、身体感覚などのうち、無意識によく使う感覚がある。これをアクセシング・キューと言う。目線に表れるものはアイ・アクセシング・キューという。

気持ちを隠し切れない表情

つくり笑いかどうかは口元に注目

◆口元はコントロールしやすい

人の感情は顔に表れます。特に人間はほかの動物と比較して顔面の表情筋が発達しており、豊かな感情表現が可能です。おかげで人は「**表情判断**」、つまり相手の表情を見て感情を読み取りながらコミュニケーションがとれます。

しかし、必ずしも表情が感情を表していないことも多くあります。つくり笑いもその1つです。とはいえ、表情筋すべてを自分の意思で自由に動かすことはできません。なかでも目元は口元に比べてコントロールがむずかしく、小細工が困難です。もし、目より先に口が笑っているときはつくり笑いの可能性大と言えます。

口元が先に笑っていたらつくり笑い

①口が笑う
②目が笑う
本当に楽しくて笑っているかどうかは口元に注目すると見破れるかもしれませんよ。

口角を上げて、口元で笑顔をつくるのは比較的簡単ですが、目元はコントロールしづらいため、つくり笑いでは口元が先に笑います。

プラスα 苦手な人、嫌いな人の前では瞬間的に眉間にシワが出ている。ただし、人が相手の表情を読み取るには0.4秒かかるので、その前に瞬時にごまかせば相手に気づかれずにすむかもしれない。

実験 感情は顔の左側に表れる?

人の顔写真を真ん中から左右に分け、それぞれを反転したものとつなぎ合わせると、顔の左半分だけで作製した顔写真には感情が強く表れるのではないか――。そこでサッカイムは、エクマン*が提供した写真を使い、顔の左側には感情が強く表れるという仮説のもとに実験しました。しかし、実際には自然な表情では左右対称となり、故意につくった表情だと左右非対称になることがわかったのです。

自然な笑顔

・左右対称
・頬が引き上がる
・涙袋が膨らむ
・目じりに小ジワができる

つくった笑顔

・左右非対称
・左半分に笑顔が強く出る
・目の周りの動きを伴わない
・笑顔が突然なくなる

◆つくった表情は左右非対称

人の顔はそもそも左右対称ではないのですが、意識して表情をつくった場合は顔の左半分に表情が強く表れることが明らかになっています。

これは心理学者**サッカイム**の実験による結果です。その理由として、人の感情は右脳の働きによって支配されているため、反対側の顔の左半分に強く影響が出るというのです。

したがって、相手の本音を探るには顔の左半分の表情に注目するとよいでしょう。

ミニコラム バレないつくり笑いのコツ

良好なコミュニケーションには、ときにはつくり笑いが必要なこともあります。かといって露骨なつくり笑いは印象を悪くします。ポイントは笑いの開始・持続・消滅のタイミングが自然なこと。急激に笑う、持続時間が長すぎる、いきなり笑顔が消えるというのはNG。つくり笑いだとバレます。

*エクマン　ハロルド・サッカイムと同じくアメリカの心理学者。感情と表情の研究の第一人者として知られる。米ドラマ『lie to me』の主人公のモデル。

声色はイメージをつくる大きな要素

◆声色から人格が想像されてしまう

声の印象というのは、その人のイメージに大きく影響します。人の声色や声質は、唇や声帯の形、骨格などによって異なり、基本的に生まれつき決まっています。もちろん、声色で性格が決まるわけではありませんが、声色が相手に与える印象を左右するのは事実です。特に初対面の場合や電話で話しただけというときは、声色によるイメージが大きく影響します。

この研究を行ったのが、心理学者の**アディントン**。声色から受ける印象を調べ、声の高低や話し方、声質などによって聞き手が抱く印象にパターンがあることを示しました（左表参照）。

◆同じ声色でも男女で印象が異なる

声色によって聞く人が抱く印象は、声の高低や明瞭さ、抑揚（よくよう）の有無、早口などタイプによって変わりますが、さらに男女差も加わります。同じタイプの声色でも、男性か女性かによって聞き手がもつイメージが変わってくるのです。

ところで、声色や声質は生まれつきのものですが、話し方や抑揚、言葉遣いはその人が育った環境や生活によって変化します。また、職業によって変わることも少なくありません。

もし、声色による印象を変えたいなら、話し方や言葉遣いを工夫することで相手に与えるイメージを改善できます。

声は生まれつきのものですが、その声色によって与えやすい印象があるようです。

プラスα　男女では声の高低に最も特徴がある。一般に、男性の声は低く、女性は高いが、この違いは性ホルモンによるものと考えられる。性ホルモンの分泌がまだ少ない子どもは男女とも声が高い。

男女によって声色で与える印象が異なる

心理学者のアディントンが行った調査によると、声色がその人の印象を左右することがわかりました。また、同じタイプの声色でも、男性か女性かによって印象が異なります。

声色	男性	女性
朗々とした声	ユーモアがある、プライドが高い	活発、社交的、ユーモアがない
高い声	やさしい、美的な印象	外向的、明るい
野太く低い声	現実的、落ちついている	野暮ったい、怠慢、男性的
息混じりでか細い声	変わり者、自分の世界がある	華奢、薄っぺらい
力の抜けた声	頼りない、心許ない	感受性が豊か、社交的
緊張した声	年長者、頑固、ケンカっ早い	女性的、若者、感情的
抑揚のある声	女性的、活動的、変わり者	外向的、活動的

プラスα 声色によるイメージには男女差があるが、共通して相手に好ましくない印象を与えるのが鼻声である。媚びを売るイメージが強く、何か下心があるとか、企んでいると思われやすいため。

大声で話す人は実は小心者かも

◆話し方も無意識な自己表現の1つ

話し方を観察することで、その人の性格や心理状態を推し量ることができます。ふだんの話し方は本人もほとんど意識していないので、いわゆる〝素〟の状態が出やすく、その人らしさを知る手がかりになります。

相手の目を見てハキハキと話すのか、うつむき加減でボソボソしゃべるのか、いつも大声で話すのか、その様子を観察してみましょう。特に、仕事のときや重要な場面なら、相手の自信のほどが見えてきます（左表参照）。

また、業界用語や専門用語を多用する人は優越感を示したい傾向が強く、大げさな表現をする人はサービス精神が旺盛な人が多いと言われます。さらに声の大きさは自信の程度を表しますが、地声が大きいわけでもないのに、声を張って大声で話す人には小心者の人もいます。

特徴的な話し方をする人がいますね。話し方から相手の心理を探ってみよう。

◆話し上手になるには

商談をまとめたり、プレゼンをしたりする機会があると、話し上手の人がうらやましいと思うものです。要は場数を踏んで慣れることがいちばんなのですが、いくつかコツがあります。

まず、話す速さはテレビのアナウンサーの話すスピードがベストです。内容をきちんと整理しておき、わかりやすい比喩や自分の体験を交えると相手に伝わりやすくなります。

プラスα　大統領や議員、企業のトップに立つ人は、スピーチのうまさが評価に大きくかかわる。そのため、話し方や話すときの目線、姿勢などの専門的なトレーニングを受けている人が多い。

話し方しだいで自信のアリ・ナシも伝わる

無意識な話し方の癖には、その人の性格や心理が表れます。自信のなさや緊張などの心理状態も、話し方に大きく影響します。

大声で話す

自信がある人。ただし、周りが気になる小心者の人が自信があるように見せるために大声で話すこともある。

語尾を強く話す

自分の意見を通そうとする、自己主張が強いタイプ。反論されたくない気持ちの表れ。

ボソボソと話す

話して自己満足なタイプ。内向的な性格の人に多い。自信がない・緊張していることもある。

ハキハキと話す

目を見て自己主張できる外向的・社交的な性格。男性の場合は支配欲が強い傾向もある。

何でも敬語で話す

人と距離を保ちたい。またはコンプレックスから慇懃無礼になっている。攻撃性を隠している場合も。

しりすぼみになる

自分の意見に自信がないため、結論をぼやかしている。相手に判断させる責任回避型。

実験 声の大きさは自信の大きさ？

アメリカのデイトン大学において、チャールズ・ギブソン博士が声の大きさに関する実験を行いました。学生101人に対して選択式の質問をし、回答する際の声の大きさ（dB）を測定したのです。

その結果、回答に自信のある人は、ない人に比べて声が大きくなったのです。つまり、人は自信があるときは無意識に大きな声を出すように調整していることがわかりました。

プラスα 話すときにやたらと身振り手振りが多い人は、自己顕示欲が強く、ふだんから目立ちたがりで、服装も派手なことが多い。逆に堅苦しい話し方の人は自信がなく、相手と距離を置きたがっている。

会話が早回しになったら嘘を見抜け

◆言葉以外の情報から嘘だとバレる

相手の嘘を見抜くには、言葉以外の部分にも注目するとうまくいきます。目を見ればわかるはず、と思うかもしれませんが、なかにはジッと目を見つめたまま嘘をつき通すことができるウソツキな人もいるので油断なりません。

P24やP28で述べたように、身体的な反応や手足の動きには隠し切れない本音が表れます。これを「パラ・ランゲージ」といい、嘘を見抜くときには非常に役立ちます。

ところで、言葉では「うれしい」と言いながら、手はコブシを握りしめて拒絶を示す反応をしていると、どっちが本音なのかわかりにくいことがあります。これを「**二重拘束（こうそく）メッセージ**」といいます。二重拘束メッセージでは言葉が肯定的で、身体的な反応が否定的なものがほとんどです。そしてたいていは身体的な反応のほうが本音なので、言葉よりも信用できます。

嘘をつくときに
声が高くなるのは、
基本周波数が
3〜6ヘルツ高く
なるからです。

◆相手の嘘をヨイショしてみよう

嘘を見破るには、わざと嘘話に乗って相手を図に乗らせるのも一法です。調子に乗って本音が出てしまい、自滅することがあります。

また、嘘をつくときはとにかく相手にツッコまれないようにするため話を早く進めたがったり、さっさと切り上げようとしたりします。やけに結論を急ぐときも要注意です。

キーワード　ポーカーフェイス　カードゲームのポーカーのプレイヤーが手の内を対戦相手に見破られないように表情を変えないことからきた言葉。プロのポーカー師は特に目の動きを抑える訓練を積む。

場面別・会話から嘘を見破るチェックポイント

電話で話すとき

電話では表情やしぐさが見えない分、声だけが情報源になる。話し方や声のトーンがチェックポイント。

話し方をチェック!

- □ すぐに話し始めようとする
- □ 声が高い・上ずっている
- □ 早口になっている
- □ 返事が極端に速い／遅い
- □ ためらいがちに話す
- □ 会話が途切れる
- □ 言葉数が少ない
- □ 「ああ」「へー」などの感嘆詞が多い　　など

会って話すとき

しぐさや表情には言葉よりも本心が表れやすい。嘘をつくと、特に緊張しているときのしぐさが表れやすい（P31参照）。

話し方をチェック!

＋

表情としぐさをチェック!

- □ 言葉としぐさの意味が異なる
- □ 言葉の後、表情に出る
- □ 表情の後にしぐさが出る
- □ 不自然なしぐさが増える（P29参照）
- □ 表情がこわばる
- □ まばたきが多い
- □ 目を合わせようとしない　　など

キーワード　ウソ発見器　ポリグラフとも言う。心拍数や血圧、皮膚の電気反射（発汗）などの現象を記録し、回答の真偽を判定するのに有効。ただし、訓練を受けた人や心神喪失などでは反応しないことも。

会話の中に折り込まれる人間性

大げさなリアクションは退屈のサイン

◆意味のないしぐさには要注意

会話の最中に「退屈だな」と思っても、常識ある大人なら露骨にあくびをしたり、つまらなそうにしたりするのは控えるものです。

しかし、本人は気をつけているつもりでも、うっかり退屈のサインを出していることがあります。

商談や仕事の打ち合わせをしているとき、デートの最中などに相手がそうしたサインを発しているときは、あなたの話に飽きている証拠です。これらは**非言語コミュニケーション***の1つで、自分がやってしまわないように注意するためにも覚えておくとよいでしょう。

代表的な〝**退屈サイン**〟が、ネクタイや服のボタンをいじったり、腕時計をチラ見したりするしぐさです。話に集中しておらず、もう切り上げたいと思っているために出てしまうのです。

また、一見、興味があるかのように大げさに相づちを打ったり、リアクションしたりするのも、実は飽きているサインなのです。

相手の"退屈サイン"に気づいたら、話を変えるといいかもしれません。

知りたい!

カフェでストローの袋を結ぶ心理って?

恋人や友だちとカフェでおしゃべりをしているとき、ふと相手を見たらストローの袋をいじっているというのはよくある光景。退屈なのかと思いがちですが、これはじっと座っていて落ちつかない気持ちを、目の前のものをいじって解消しているのです。

*非言語コミュニケーション　文字通り言葉以外の要素によって相手にメッセージを伝えること。表情やしぐさ、体の動き、目線などを指す。実は、言葉よりも相手にメッセージが伝わりやすい。

話に飽きるとつい出てしまうしぐさ

会話に退屈すると、無意識のうちにしぐさとして表れます。また、これを逆手にとれば、相手のペースを断ち切る手段として活用できます。

高 ↑ バレバレ度 ↓ 低

バカにしてる？ リアクションが大げさ

退屈しているサイン。早く話をたたみたいがために、大げさな反応をしている。

本当に聞いてる？ 必要以上にうなずく

やたらとうなずいたり、内容に関係なくうなずくのは、相手や話に対する拒否。

眠いの？ 頬杖をつく

一見熱心に聞いているように見えるが、実は退屈で、聞くことに疲れている。

ソワソワしてる？ 体を上下にゆする

落ちつかない態度には、無力感や、その場から逃れたい、誰かに助けられたいという気持ちがある。

探しもの？ バッグをごそごそ

意味のない動きをするのは話をやめたいサイン。手帳をめくったり、スマホやおしぼりを触るのも同じ。

誰かいた？ 周りを見渡す

興味が話ではなくほかに向いており、集中していない。自覚せずにしていることも。

プラスα 人は相手に興味があるとき、自然にその人に近づこうとするため、前傾姿勢になる。テーブルに前のめりになっているときは興味があることを示す。後ろに引いて座っているのは退屈のサイン。

「みんなのおかげ」はイメージアップが狙い

◆成功は実力か、運がよいからか

会社で大きな業績を上げたときや有名大学に合格したとき、あなたはその成功を自分の実力だとアピールしますか？　それとも「運がよかった」と答えますか？　どちらを選択するかによって**自己呈示***のあり方がわかります。

心理学では、成功を自分の実力とするのは「**内的帰属**」、運だとするのは「**外的帰属**」によるものと分類します。簡単に言えば、成功の源が自分にあるか、周囲の人や環境などにあるかという考え方です。一般に、内的帰属によって自分の評価を高める**自己高揚的呈示**では、自分に自信が持てるようになります。

◆謙遜して、よく思われようとする

日本人の場合、内的帰属による自己高揚的呈示をする人はかなり少数派でしょう。日本人には外的帰属で、しかも謙遜や**自己卑下的自己呈示**をする人が圧倒的に多いと言えます。

「実るほど頭を垂れる稲穂かな」という諺もあるように、成功したときほど自己卑下的自己呈示をし、周囲の人に感謝するという姿勢が浸透し、美徳とされています。つまり、謙遜することで〝いい人〟アピールをしているのです。

それは、日本人は集団から飛び出るより、調和や協調を重んじる傾向があるからです。自己抑制が評価されやすいお国柄が影響しています。

自分の失敗には努力不足、友人の失敗には運が悪かったと言っていませんか？

*自己呈示　他者に対して好印象を与えようとするために、自分の発言や見せ方を意図的に操作し、振る舞うこと。場合によっては自分の本音を隠すなど、情報の見せ方もコントロールする。

周りにひとりはいるこんな人の本心は？

周囲からあまりいい目で見られないにもかかわらず、懲りずにオヤジギャグや下ネタを連発する人がいますが、どんな心理によるのでしょうか。

すぐオヤジギャグを言う
周りから注目を浴びたい「かまってちゃん」。どんな手段であれ、自分の存在をアピールしたい。

専門用語を使いたがる
実際の能力以上にデキる人だと思われたい。ただ使うことで優越感を満足させ、自分に酔っている場合も。

下ネタを連発する
性的コンプレックスからくる欲求不満を、話すことで発散するため。サービス精神からきていることも。

◆謙遜発言で自分をアピールしている

自己呈示の仕方は、相手からの評価を予測して計算され、操作されることもしばしばあります。実際には自分の実力だと思っていても、本音を言うとイメージダウンだと思われる場合は、わざと自己卑下的自己呈示をして、〝できない自分〟をアピールします。そのほうが自分のイメージアップにつながるからです。

つまり、相手や周囲の状況に合わせて、自分の見せ方を計算しているのです。

> **知りたい！**
> **流行言葉を使いたがる心理って？**
>
> テレビや雑誌、ネット上では日々新たな流行語が誕生し、それをやたらに使いたがる人がいます。流行語に飛びつくのは、心理学的には「承認欲求」や「評価欲求」が強い人と判断されます。つまりは、ウケ狙いや注目されたいという願望の表れなのです。

プラスα 自己卑下的自己呈示は、自信がなくて自己評価が低いがゆえの場合もあるが、人からの評価を受けたいため、また、指摘や攻撃を受けて傷つくのを防ぐためなどのケースも多い。

会話の中に折り込まれる人間性

納得していなくても「なるほど」と言う

◆言い間違えた内容にこそ本音が

うっかり名前を言い間違えた、気がついたら約束をすっぽかしていた、というのは誰にでもよくある失敗です。

しかし、**フロイト***はこうした無意識の失言や失念こそが、その人の本音だと述べています。

ふだんは取り繕(つくろ)っているのに、ふとした瞬間に出てしまうのは、その人にとって建前と本音が食い違っているからです。特にこうした失敗は、ふだん抑圧されているものが過度に緊張したときや、逆にリラックスしているときにポロッと出てしまいます。よりによって、という場面で失言してしまうのはこのせいなのです。

◆気づかぬうちに心のうちを話している

ふだんはとてもやさしく穏やかな口調で話す人が、何かの拍子に突然乱暴な言葉を口にするとびっくりします。このように言葉遣いや話し方は心理状態によって大きく変わり、またその人の印象にも影響を及ぼします。

ところで、同僚や上司、友人と話していると、その人の口癖に気づくことがあります。実は、口癖からその人の性格や心理状態がわかります。口癖が、無意識のうちに心のうちを吐露しているのです。ただし、自分にも口癖があるはず。くれぐれも、本音がバレないように気をつけたほうがよいかもしれません。

特に意味もなく言ってしまう口癖には、自分でも思わぬ本音が潜んでいるものです。

*フロイト　ジークムント・フロイト(1856～1939年)、オーストリアの精神分析医、精神科医。現代の心理療法や臨床心理学の基礎となる独自の理論を築いた。

口癖から読み取れる性格や心理

口癖は無意識に言っていることが多く、潜在的な本音が隠れていることがあります。

なるほど 聞くよりも話したい 聞き役になるのが苦手なタイプ。次に自分が話したいがために、「もうわかった」と相手の話を切り上げようとしている。	**だから** 自己主張が強い 「ですから」も同様に、自分の意見を繰り返し、念を押している。自分の意見が正しいという意識が強く、相手にもそう思わせたい。
そうですね リーダータイプ これから自分の意見を話すという前置き。相手の意見を聞いたうえで発言するため、協調性がある。	**一応** 妥協している 自分の意見を主張するにも、少し引きながら伝える控えめなタイプ。自信のなさからきていることも。
別に 本当は不満があるが言えない 言いたいことがあるが我慢している。または言えない事情があるか、「言ってもムダだ」とあきらめている。これが多い人は欲求不満傾向にある。	**○○的** 断定したくない 「○○的」や「○○感」を使う人は、自分の意見をぼかして柔らかく伝えたい。場合によっては、優柔不断で責任逃れともとれる。
ふつう 自信がない 自信がなく、はっきり答えることを避けている。または考えるのが面倒くさい。とりあえず「よくわからない」と言うのもこれと同様。	**要は** 仕切りたがり 「要は」や「要するに」などで話の結論をもっていくのは仕切りたがり。その割に要領を得ないなら、ただ自己中心的とも言える。

キーワード **D言葉**　でも・だって・どうせ・だけど・だったら、などの言葉を指す。ネガティブ発言や言い訳の言葉、責任転嫁をするときによく用いられる。そのため、D言葉が多いとよい印象をもたれない。

How to

やってみよう！自分を魅力的に見せるテクニック

初対面ではまず“見た目”に気を配ろう

◉第一印象がその後の関係を決める

初対面の人に自分がよく思われたいというのは、誰もが思うところです。そのためには、何と言っても第一印象が決め手になります。

人が、相手についてのイメージを固めていく過程を「**印象形成**」と言いますが、これには第一印象のインパクトが後々まで強く影響します。これを「**初頭効果**（しょとう）」と言います。

さらに、人は第一印象によってつくり上げたイメージに沿うように、その人の印象を固めます。これが**確証バイアス**＊です。そのため、第一印象のイメージを覆す（くつがえ）のが難しくなるのです。

初対面では その1

実践ポイント

身なりや表情、話し方に注意！

話し方

・ハキハキと明るく話す
・聞き取りやすい速さで話す
※話している内容以上に重要である

身なり

・身だしなみを整える
・清潔感やTPOを意識する

最重要 **表情**

・笑顔を心がける
・鏡で笑顔の練習をする

すぐに笑顔をつくるには、日頃から鏡で練習するのがいちばん（P94参照）。チェックもでき、気持ちも明るくなる。

アメリカの心理学者メラビアンは、相手に対する好意度が、55％は表情、38％は話し方、7％は話の内容から決められるという法則を見出しました（メラビアンの法則）。いくら中身が重要と言っても、人は見た目で判断してしまうのです。

＊確証バイアス　第一印象のイメージがくずれないのは、人は自分が得た情報が正しいと信じたいために、都合のよい情報だけを偏って選択するから。これを「確証バイアス」という。

初対面ではその2

実践ポイント

アピールポイントは先に伝えよう

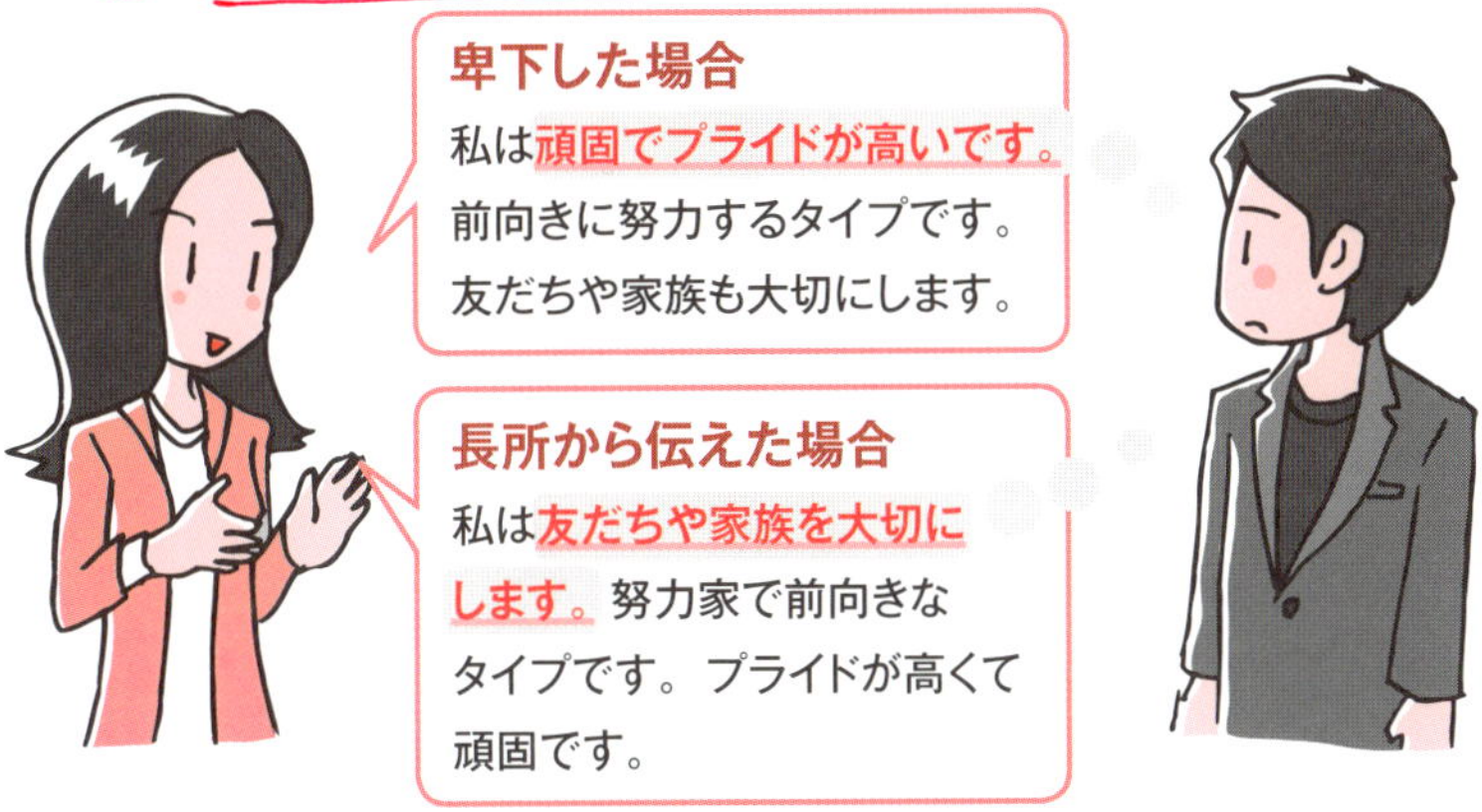

心理学者のアッシュが行った初頭効果の実験では、情報が同じでも伝える順番を変えると、先に伝えた情報がその後の印象にまで影響することがわかりました。自己紹介では卑下せずに、まずは自分の長所から伝えるようにするとよいでしょう。

初対面で失敗したら

実践ポイント

ギャップ萌えを狙おう

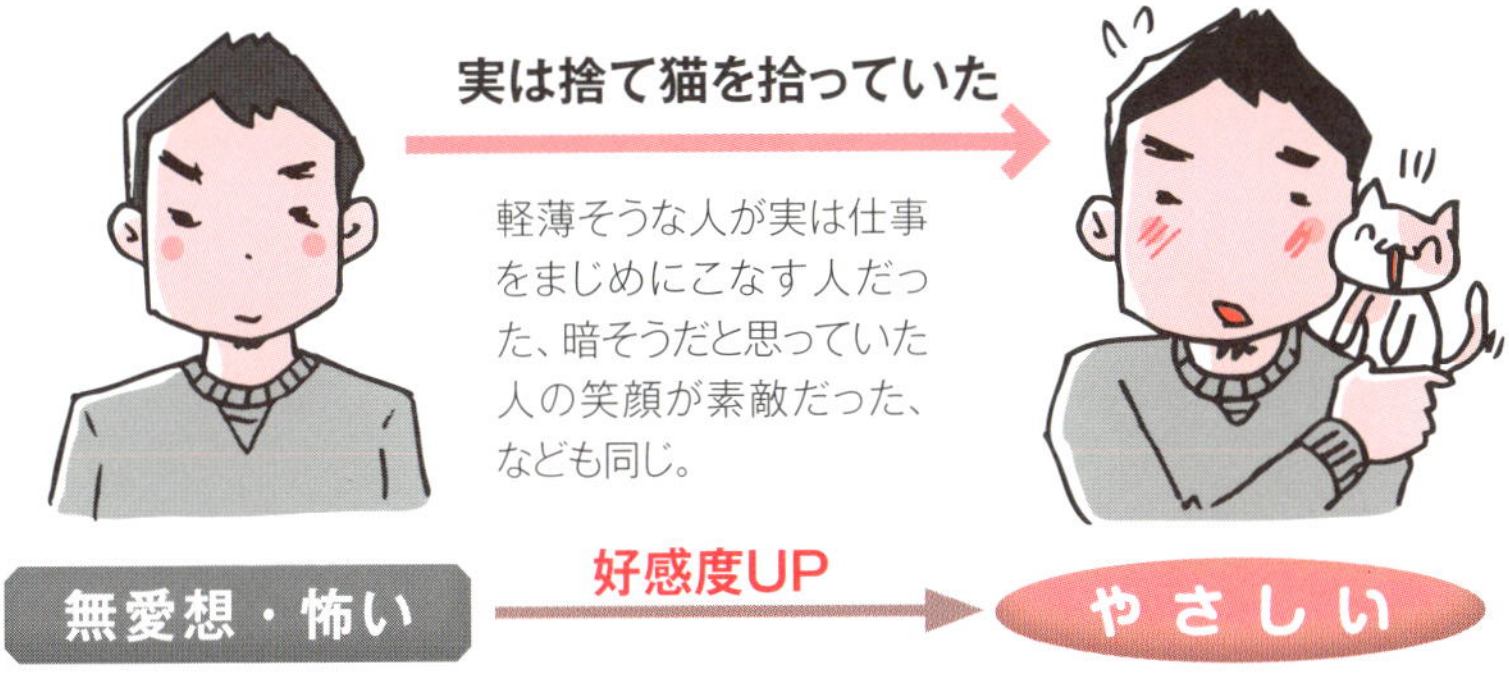

実は捨て猫を拾っていた
軽薄そうな人が実は仕事をまじめにこなす人だった、暗そうだと思っていた人の笑顔が素敵だった、なども同じ。
無愛想・怖い
好感度UP
やさしい

たとえ初対面でよい印象を持たれていなくても、最新の評価が第一印象を覆して印象を決めることもあります（親近効果）。さらに、ずっとプラスよりも、マイナスからプラスに印象が変わったほうが、好感度は高くなります（P199参照）。

キーワード **先行情報**　直接会う前に、「やさしい人だよ」とか「ちょっと怖い感じ」などと人づてに相手の情報を聞くことがある。これを「先行情報効果」といい、第一印象に強く影響する。

「魅せたい自分」を意識的に演出する

◉「どう見せたいか」を意識する

仕事で取引先に気に入られて契約を取りたい、または憧れの人と友だちや恋人になりたいというとき、ありのままの自分でぶつかるのも1つの方法ですが、より確率を高めるためには「どう見せたいか」を意識するとよいのです。

これを「印象操作」と言います。印象操作に役立つのが、**自己呈示**（セルフ・プレゼンテーション）です。自己呈示には、例えばP114の「セルフ・ハンディキャッピング」や、P55の「自己宣伝」などがあり、**ストラテジー***（対人方略）に応じて選びます。

恋愛では

実践ポイント

相手の好みを認めよう

恋人が変わるたびに外見の変わる女性は珍しくありません。アメリカのプリンストン大学で行われた、男女がプロフィールを交換した後に会うという実験でも、自分好みの人のプロフィールを見た学生が、相手の好み通りに自分のプロフィールを変えました。相手の好意を得るためには、相手の好みを認めることが近道かもしれません。

*ストラテジー　状況や相手によって自己呈示の方法を変えること。例えば、自己防衛のために自分を弱く見せたり、逆に積極的に強さをアピールしたりする。また、長期戦か短期戦かによっても変わる。

ビジネスでは

実践ポイント

「取り入り」と「自己宣伝」でアピール

●上司に対して

好感を持たせる

反感を持たれたり、下心がバレたりすると逆効果。自己卑下的自己呈示で可愛がってもらうのも手（P48参照）。

●仕事相手に対して

能力があると思わせる

自分の能力や業績を主張する「自己宣伝」。やりすぎると「自惚れた人」と嫌われるので要注意。

アドバイス

「すごい人」に見せるハロー効果

見た目はパッとしないのに、実は有名企業の御曹司だという情報が伝わったとたん、周囲の人が「すご～い」と羨望の眼差しで見るようになる。これは典型的なハロー効果の例です。つまり、ある1つの高価値な特徴によって、見た目やふだんの態度などの情報が歪められてしまうのです。

キーワード **自己開示**　自己呈示が自分の見せたい部分だけを見せたり、見せ方を変えたりするのに対し、ありのままの自分を相手に見せること。特定の相手にだけ自己開示をすると、親密さが増す効果も。

How to

やってみよう！
自分を魅力的に見せるテクニック

好感を持たせる会話術をマスターしよう

◉相手の話をしっかり聞いている態度を示す

コミュニケーション上手というと会話のうまさばかりが注目されがちですが、そうとは限りません。コミュニケーションには、言葉による**言語的コミュニケーション**と表情やしぐさなどの非言語的コミュニケーションがあり、言語より非言語的コミュニケーションのほうが自分の気持ちや感情をうまく伝えることができます。

つまり、相手に好感を持たれるには話す内容も大切ですが、まずは話し方（P42参照）や「あなたの話をちゃんと聞いています」と表情やしぐさで示すことがカギを握っています。

話し方

実践ポイント

スピードとリズムを合わせよう

ペーシング

相手のしぐさや表情、話すスピード、話し方に合わせること。「お互い似ている者同士だ」と、安心感や親近感を与えられる。

バックトラック

相手の話の中からキーワードを拾い、オウム返しをする。話を聞いていることが伝えられる。出来事や感情に注目するのがポイント。

どちらもNLPの基本的なスキルで、コミュニケーションの基礎を築くのに有効です。モノマネのように不自然にならないよう注意を。

キーワード　ラポール　フランス語で関係や交際などの意味。NLP（P60参照）では、相手とのコミュニケーションの基礎とされる。共通の趣味や出身地など、相手と類似点があると信頼関係が築きやすい。

聞き方その1

実践ポイント

しぐさで相手への関心を示そう

相手や話に関心があるときのしぐさはさまざまですが、それらを読み取るだけでなく、あえて自分がとることで、相手へ関心を示すことができます。

聞き方その2

実践ポイント

悪い印象を与えるしぐさに注意！

自分ではそんなつもりがなくても、ふとしたしぐさから思わぬ悪印象を与えているかもしれません。自分のしぐさが与える印象をチェックしましょう。

耳を触る
話をもう1回きちんと聞き直したいと思っている。
→ **話を信じていない**

机をたたく
指やペンで机をたたく人は、イライラしていて早く話を終わらせたい。
→ **早く話をたたみたい**

後ろで手を組む
立っているときにしてしまいがちだが、状況によっては偉そうに見え、嫌がられる。
→ **態度が大きい**

プラスα 口や鼻の周りを手で触りながら話すと、相手に嘘をついているとか自信がないと思われやすく、不信感や不快感を与える。こうした癖がある人は改めたほうがよい。

How to

やってみよう！自分を魅力的に見せるテクニック

「できる」と「ありがとう」を多めに言おう

◉ポジティブな自分は言葉から

相手に好感を持たれるには見た目の印象が第一ですが、良好な関係を長続きさせるには内面が魅力的になることも必要です。

ポジティブな言動を心がけましょう。ネガティブな発言や振る舞いが多いより、明るく活動的なほうが好感度は高くなります。

そこで実践したいのが「ありがとう」と感謝の言葉を意識して口にすること。さらに、自分に自分で暗示をかけるために「できる」と言い聞かせましょう。あえて口にすることで、**自己効力感**(こうりょくかん)*を高めることができます。

周りの人には

実践ポイント

「すみません」を「ありがとう」にチェンジ

すみません
ありがとう
感謝の言葉を
多く口にする
・ポジティブ
思考になれる
・「幸せ感」が長く
続くようになる
言う側も
言われる側も
ストレス減

ネガティブな人は、すぐに「すみません」と言ってしまいがちです。ほめ言葉や「ありがとう」を素直に言えなくても、まずは「すみません」を「ありがとう」に置き換えてみましょう。

*自己効力感　自分にもできると予期（確信）する感覚。この感覚が積極的な行動を導いて、成功につながりやすくなる。さらに、自分に自信が持てるようになり、成功体験を呼び込む原動力となる。

自分自身には

実践ポイント

「自分はできる」と言い聞かせよう

もうダメだ
自分にはムリだ
自分はできる
自分はできる

自己効力感が低く、「自分にはムリだ」と考える人は行動を起こすことが億劫（おっくう）になります。「自分はできる」と自己暗示をかければ、それが「自己成就（じょうじゅ）予言」となり、その言葉通り達成しようと行動することができます。

ランクアップ

「できた」体験が自己効力感を高める

カナダの心理学者バンデューラは、自己効力感を高めるには次の「4つの源泉」が必要だとしています。なかでも「達成体験」が最も重要です。

①達成体験
自分で行動して何かを達成し、「自分にもできた」と思う体験。

②代理体験
他人の達成体験を見て「自分にもできる」と感じること。

③言語的説得
周りから「君ならできる」と励まされること。能動的になる必要も。

④生理的情緒的高揚
苦手なことを克服できた高揚感。ただし一時的なもの。

キーワード **プラシーボ効果** プラシーボとは偽薬（ぎやく）という意味。効果のない偽薬でも「効く」と信じて服用すると効果が表れることがある。おまじないやジンクスも、信じれば効果を発揮することも。

COLUMN＋(プラス)

NLPを習得すれば なりたい自分に近づける！

NLPとは、Neuro Linguistic Programming（神経言語プログラミング）の頭文字をとったもの。1970年代のアメリカで高い成果を上げていた心理療法のセラピスト3人の考え方や言動を分析し、体系化したものです。

人は情報を脳にプログラミングしている

人は五感（神経）で受け取った情報に言葉で意味づけをし、感情や行動のパターンとして脳にプログラミングしています。NLPは、その際に望ましい感情や行動に書き換えるスキルです。

例えば、リフレーミング（P96参照）をして物事の受け止め方を変えたり、アクセシング・キュー（P37参照）を読み取って、言葉以外から相手のメッセージを受け取ったり、相手に合わせる会話術（P56参照）を身につけたりします。

さまざまな分野で取り入れられている

NLPはもともと、戦争の帰還兵のセラピーとして活用されていました。

近年では、成功者のノウハウを活用することによる能力開発的な側面から、ビジネスやスポーツなどにも活用されています。

NLPを学ぶには、スクールやセミナー、書籍、DVDなどがありますが、一度は専門家の指導を受けることをおすすめします。

第2章

どんな人？

行動からわかる性格と心理

癖や趣味からタイプがわかる

今日は来日した友人の観光案内
ココニ イキタイデス!
おや ハナコさん!
ガイドですか?
先生! よく会いますねー
コンニチハ
ガイド
ハナコ なぜみんな皇居の周りを走っているの?
えっ?
人からスゴイと言われたいのかもしれません
▶P88
すみませーん
なぜすぐスミマセンと言うの?
えっと…
プライドが低い人なのかも
▶P66
…まあ 人付き合いのためでもあるけどね
スミマセン

あ
ティッシュ配ってる!
どうぞー
しかもコスプレ!!
ティッシュどうぞー
ウオオオオオオ
コッチムイテー
パシャ
パシャ
パシャ
制服が人気なのは男性の支配欲を満たすからなんですよ
へえー
▶P79
ところでその大荷物は?
しまっておこうって
▶P74
これまでに集めたポケットティッシュです
心配性かと思いましたよ
▶P84
外見や好みからも性格や心理が見抜ける

癖に隠れた人間性

髪に触るのは甘えん坊の証拠

◆誰かに頭をなでてもらいたい

人は何か心配事や不安があるとき、ストレスを感じたときに無意識のうちに自分を慰めたり落ちつかせたりする動作をします。これを「**自己親密行動**」と言います。赤ちゃんや小さな子どもは不安を感じると母親のおっぱいを吸ったり、抱っこや頭を撫でてもらうことで安心できますが、大人も基本は同じです。

ただし、大人の場合は自分で無意識に対処しており、それが癖となって表れているのです（左表参照）。なお、こうした癖は退屈しているときや嘘をついているときにも見られるので、その見きわめが肝心です。

◆タバコは母親の乳房がわり!?

フロイトは、人の心の「**無意識**」を発見したと言われています。そして、無意識のなかにある「**リビドー***（性的な欲求）」の存在に注目しました。これは発達段階に応じて分類できるといい、代表的なのが「口唇期」です。

心理学でタバコの話をする際によく引き合いに出されるのが、このフロイトの口唇期説です。

人がストレス解消や気持ちを落ちつかせるためにタバコを吸うのは、誕生～18か月の間の口唇期の行動、つまり母親の乳房を口にすることで安心していた行為の代わりだというもの。喫煙も自己親密行動の一種というわけです。

周りに悪い印象を与えてしまう癖の裏には、自分を落ち着かせようとする心理があります。

*リビドー　成長に伴いリビドーも移行するが、各発達段階で十分に欲求が満たされない、あるいは過剰になると固執（こしつ）や退行の原因になる。喫煙には幼児性が影響しているとも言われるのはこのため。

よく見かける癖にもワケがある

誰にでも1つくらい癖はあるものですが、他人がしていると気になるものです。不可解なその行動にも、きちんと理由があります。

気になる

見てるほうもイライラ
貧乏ゆすり

本当は…ストレスを和らげている

イライラしたり緊張しているときに出る貧乏ゆすり。行儀が悪いと言われるが、実は振動を脳に伝えることによって、ストレスや緊張を和らげている。

落ちつきがない
髪を触る

本当は…不安を感じている

頭を撫でてもらう代償行為。不安感があり、誰かに甘えたいという依頼心が強い。退屈している場合や、意中の人を前にして性的興奮が高まり、自己意識が高まっている場合にも見られる。

なんだか不衛生
頭をかく

本当は…フラストレーションを感じている

強いストレスや不安からくる自傷行為。自己中心的で完璧主義な傾向にある。髪を抜いたり爪を噛(か)んだりするのも同じ。

だらしない
唇をなめる

本当は…緊張している

唇が乾くのは緊張しているため。また口唇(こうしん)欲求の表れでもある。舌を出すのは「照れ隠し」や「邪魔されたくない」というサイン。

ちょっと感じ悪い
タバコを吸う

本当は…安心したい

緊張感やストレスを感じており、母親の乳房を吸うときの安心感を得るため。唇に触る人や、間食が多い人、ガムをかむ人も同じ。

気にならない

プラスα タバコの吸い殻にも性格が表れる。灰皿にギュウギュウ押しつけるのはがさつな人に多く、一定の長さの吸い殻をきれいに並べるのは几帳面な人。根元ギリギリまで吸うのはケチな人に多い。

「すみません」が口癖になっている人

◆取り入るための謝罪もある

日本人は「すみません」という言葉をよく使います。ただし、その意味は一つではありません。いわゆる「ごめんなさい」の意味もありますが、「ちょっと失礼しますよ」とか、声をかけるために「あの～、すみません」という場合もあります。本来なら「ありがとう」と言ったほうがよさそうな場面でも、つい「すみません」と言ってしまうことがしばしばあります。

日本人の習慣だと言えばそれまでなのですが、「すみません」を連発するのには、いわゆる本音と建て前を使い分けている場合が多いのです。

上司に叱責(しっせき)されたとき、本当は悪いと思っていなくてもとりあえず「すみません」と言います。自分を卑下する様子を見せる自己呈示の一種で、上司に逆らうのは得策ではないため、謝って取り入ろうとする意図があります。

そのほかには、**自尊感情***が低い人や、事あるごとに何でもかんでも自分のせいにする「**自罰**(じばつ)**自責**(しせき)**型性格**」が強い人も「すみません」と連発する傾向があります。

あまり言いすぎると、本心からかどうか疑われてしまいます。タイミングと誠意が大切です。

◆謝らない人の内面は弱い

「すみません」としょっちゅう謝ってばかりの人がいるのに対して、自分からは頑(かたく)なに謝らない人もいます。自分はつねに正しく、周囲や相

＊自尊感情　プライドのこと。自信よりもさらに上位に位置するもの。本来、人は自尊感情を高く保とうとするが、自分自身の評価が低く、自分に否定的な気持ちが強い人は自尊感情も低く、卑屈になる。

手が悪いと責任を押しつけるのです。心理学ではこうした性格を「**外罰他責型性格**」と言います。

このタイプの人は、よほど自分に自信があり、神経が図太いのだろうと思うかもしれませんが、実は真逆の場合も多いのです。内面は非常にもろく、そんな弱い自分を他者に見せまいとして傲慢にも思える態度をとってしまうのです。

つまり、他人を激しく攻撃するのは過剰な自己防衛反応の表れと言えます。素直に謝罪の言葉を口にすることができないため、謝るべきタイミングを逃してしまうことが多いのです。

謝り方には性格がかかわっていた

すぐに謝る人	絶対に謝らない人
自罰自責型性格	外罰他責型性格
プライドが低い	傲慢に見えて内面は弱い
自己卑下して取り入っている	立場が上だと思っている
自分を強く否定している	防衛的攻撃をする

ミニコラム 電話の向こうに想いは届く？

電話での会話中、相手に自分の姿が見えているわけでもないのに、「すみません」と言いながらペコペコと頭を下げてしまうことがあります。我ながら滑稽だと思うし、周りの人が見てもつい笑ってしまうことがあります。

これは「図解的動作*」の一種で、謝罪の気持ちを伝える効果があります。電話では相手にその姿は見えていませんが、動作を伴う言葉は自然で説得力もあり、気持ちが伝わりやすくなります。これが習慣化するため、謝罪の言葉に伴って頭が下がってしまうのです。

一方、電話だからといってふんぞり返って口だけで謝罪しても相手にはバレバレです。

*図解的動作　発言の内容を補ったり、強調したりする動作のこと。謝るときに頭を下げる、感謝を示すときに笑顔を見せるなど、社会生活を通して自然に身につけていくものが多い。

癖に隠れた人間性

遅刻魔はまじめな自己チュウ

仲間内にひとりは
時間にルーズな人
がいるものですが、
なぜ毎回遅れて
しまうのでしょう。

◆「遅れ」の原因は自己中心さ

会社の同僚や友達グループに、いわゆる〝**遅刻魔**〟がいて迷惑している人も多いでしょう。あるいは、自分がまさにその遅刻魔で、しょっちゅう叱られているという人もいるかもしれません。遊びの約束なら〝仕方ない〟で許されることも多いのですが、仕事となると話は別です。

では、遅刻魔の人がふだんからだらしなく、つねに問題児かというとそうではありません。実は、遅刻魔にはまじめな人が多いのです。約束を守ろうとしているのですが、何らかの事情でできなかったとき、パッと切り替えて間に合わせる工夫をしたり、方向転換ができません。まじめさのベクトルが自分にだけ向いており、周囲の迷惑が見えていないのです。本人はまじめに取り組んでいるつもりなので、悪気はなく、そのため性懲り（しょうこ）もなく繰り返すのです。

◆布団のなかは母親のお腹のなか!?

遅刻の原因が単に朝起きられないという人もいますが、これにも裏があります。

理由をよく聞いてみると、起きられないというより目が覚めているのに布団のなかが心地よくて、グズグズしているうちに時間ギリギリになってしまうというのです。要は心地よい布団から出て、会社や学校に行くのがイヤというわけです。深層心理では、「**布団のなか＝母親のお**

キーワード　**母胎回帰欲求**　母親の胎内にいるときのように、安心してすごせる場所に戻りたいという欲求。布団のぬくもりは胎児のときの子宮内の温かさに通じるため、そこから出たくないと思う。

知りたい！ いつもギリギリになる人の心理って？

仕事の仕上がりがいつも締め切りギリギリになる人がいます。はたから見たら"時間があったはずなのになぜ？"ということも多く、周りが手伝わされ、迷惑をこうむることも。このタイプの人は"いざとなればできる"という変な自信があり、行動に移すまでの時間が長いのが特徴です。改善させるには痛い目にあうのがいちばん。手を貸さず、自分で責任をとらせましょう。

「腹のなか」とされています。温かく、やさしい母親の胎内にいるような安心できる場所から出たくないため、グズグズしてしまうのです。

ただ、これが理由なら改善策があります。楽しみなイベントがあるときは飛び起きるのと同じ原理です。早起きしてお気に入りのカフェでコーヒーを飲むとか、恋人にモーニングコールをするなど、励みになるご褒美(ほうび)や楽しみを見つけると自然に起きられるようになります。

待ち合わせはキリの悪い時間にしよう

3時半くらいまでOKか

3時に待ち合わせても、遅刻常習犯(じょうしゅうはん)は3時半くらいまでは3時の範疇(はんちゅう)に入れてしまう。

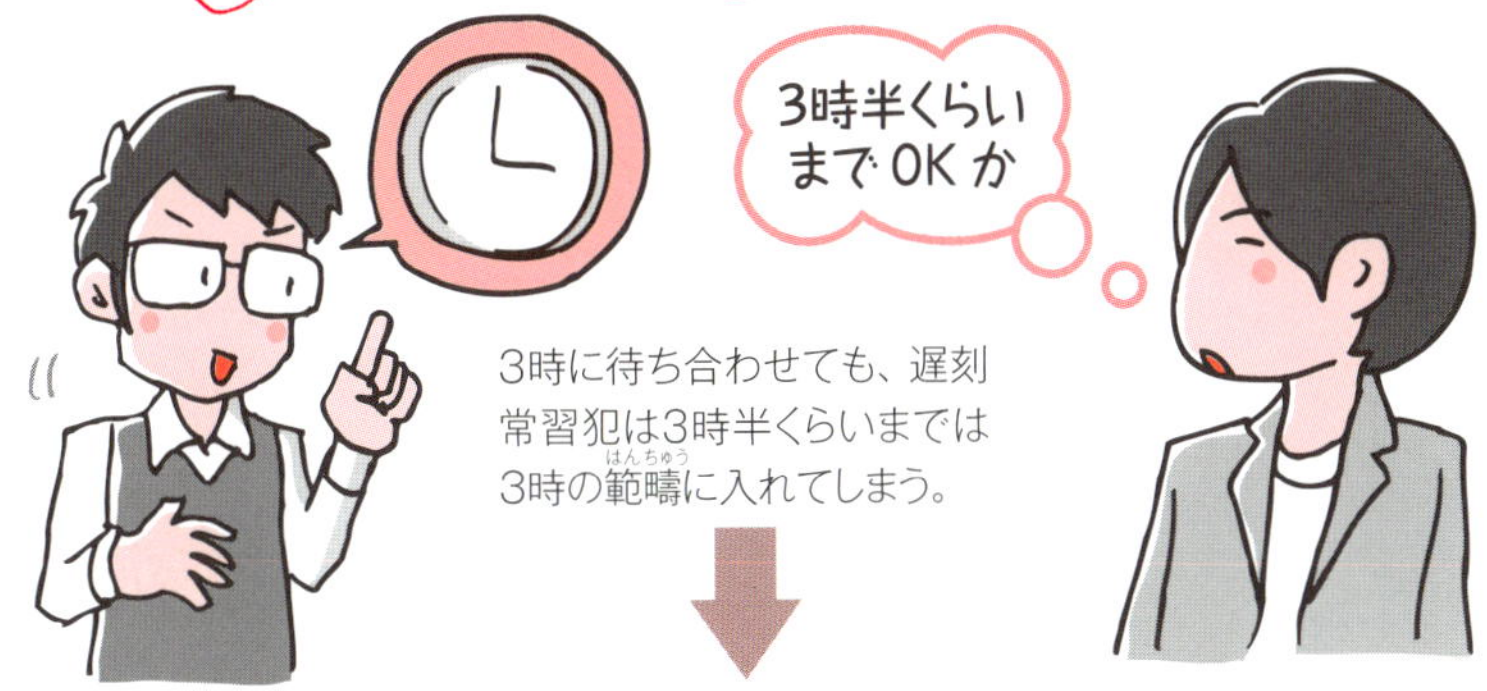

"目安"ではなく"約束の時間"だとわからせる

いつも遅刻する人には、少し遅れても大丈夫だという、相手に対する甘えがあるため、待ち合わせの時間が目安になってしまう。待ち合わせを"3時5分"などといった中途半端な時間に設定すれば、待ち合わせは"3時頃"ではなく"3時5分"だと認識する。

> **プラスα** まじめで完璧主義な人ほど、グズグズして時間の管理が下手なことが多い。予定外のことが起こったときに融通が利かず、うまく対処できないため、結果的に遅れてしまう。

癖に隠れた人間性

ハンドルを握ると本当の姿が表れる

◆モヤモヤが攻撃性に変わる

ふだんは穏やかなのに、車の運転をすると豹変する人がいます。急にイライラしたかと思うと前を走る車をあおったり、激しくクラクションを鳴らしたり、スピードを出しすぎるなど、同乗者がハラハラするような行動に出るのです。

車の運転の際に攻撃性の高い行動に出る人は、もとから攻撃欲求があります。もちろん、運転免許の取得前に適性診断を受けるので、極端に攻撃性が強い人は注意されます。しかし、問題なく免許を取得した人でも運転中に何かイライラすることがあると、それが引き金となって日頃のフラストレーションを発散するかのように乱暴な運転になるのです。

加えて、運転中は相手の顔が見えない、相手も挑発してきた、自分の車のほうが大きい、あるいは高級車という場合は、攻撃性に拍車がかかりやすくなります。

お酒の席で豹変する人も、アルコールがきっかけとなって本来の人格が顔を出します。

◆「なりきる」と周りが見えなくなる

運転中に人が変わったようになるのには、「**ヒーロー願望**」や「**同一視***」といった心理が影響しています。車は強さを象徴する道具であるため、特に男性は車を運転しているうちにヒーローものの主人公になりきってしまうことがあります。同一視によって憧れのヒーローと自分を重ね合わせるのはよくあることですが、度を超

*同一視　自分の憧れる漫画やテレビアニメの主人公、あるいはスポーツ選手や俳優などに、理想の自分の姿を重ね合わせること。「あんなふうになりたい」と思うことで成長や自己実現が促される。

車は理想の男性像

車の好みには、男性なら自分の理想の男性像が、女性なら理想の恋人像が投影されています。

理想の自分		理想の恋人	
スポーツカー	かっこいい 誰にも負けない	スポーツカー	ルックスがいい 劇的な愛情表現をする
高級車	社会的成功者 お金持ち	セダン	安心できる穏やかなタイプ 堅実でしっかりしている
四輪駆動車	野性味あふれるタイプ ヒーローのように強い	ワゴンカー	友だちの延長・家族愛 趣味をいっしょに楽しめる

すと周りが見えなくなってしまうのです。

また、車は密室で自分だけの空間であるため、錯覚に陥りやすくなるのです。

ちなみに、子どもには「**ガンダム心理***」があり、これが大人になってから車選びに影響することがよくあります。車選びには「なりたい自分」が反映されやすく、理想の自分が乗る車を選ぶ傾向があるため、車種を見ればその人の深層心理がわかることも多いのです。

知りたい！ 車よりもバイクが好きな心理って？

バイクは車より疾走感をリアルに感じられるという魅力がありますが、事故における危険度は車より高くなります。つまり、車よりバイクを選ぶ人はリスクを好む傾向が強いのです。

ちなみに以前は「バイク=若者」でしたが、最近では団塊世代など高年齢の人にバイカーが増えています。こちらはリスクを好むというより、若い頃の夢を叶えている人が多いようです。

*ガンダム心理　ガンダムとは有名なロボットアニメ。ガンダム心理とは、子どもがロボットアニメの主人公になりきって変身願望や成長願望を満たすこと。戦隊ヒーローものにハマるのも同じ心理。

ファッションから読み取る人物像

古着で他人とは違う自分をアピール

◆「誰かと同じ」はイヤ

男女を問わず、ファッションは重要な自己表現の1つです。社会心理学者の**カイザー**は、人が服を着る目的には、自分をより立派に（大きく）見せる「**自己拡大**」、自分を魅力的に見せる「**性的魅力の増大**」、そして自分の地位を誇示する「**地位の表示**」の3つがあると述べています。

ふだん着ているもののイメージは、その人の個性・特徴として周囲の人に定着します。いつもブランド物で決めている人も、逆にあまり目立たない地味な服装でコンサバを心がけている人も、そうやって着るものを選ぶことで自分をどう見せたいかを考えているのです。

ところで、特におしゃれに敏感な人のなかにビンテージものの古着を愛用する人がいますが、これは「誰かと同じはイヤ」という個性の表れ。特異な希少価値の高い服を身につけることで他者との差別化を強くしたい、より個性的でありたいとアピールしているのです。

着なれない服を着ると落ちつかないように、服装はその人の個性やイメージを表します。

知りたい!

買った物をなかなか使えない心理って？

欲しくて買ったはずのバッグや靴などを、いつまでも使わない人がいます。これは、大事に長く使いたいと思うがゆえ、使い惜しみしてしまう矛盾した心理によるもの。使いたいけど、汚れや傷がつくのがイヤで、なかなか踏ん切りがつかないのです。

プラスα ストレス解消にショッピングが効果的なのは、お金を使うことで気分がよくなるから。対面販売なら店員に丁重に扱われることも。度がすぎると買い物依存症となるおそれがあるので要注意。

おしゃれな小物を使った自己表現

服に比べて長くつきあうだけに、小物や髪型にはこだわりがつまっているものです。それらを通して、その人の性格や心理が表れています。

メガネをかける

だてメガネ
顔のコンプレックスを隠してよく見せたい。インテリへの変身願望。

ふちなしメガネ
ありのままの自分を見てほしい。

サングラス
本心を悟られたくない。遠慮のない自己表現。

室内でも帽子をかぶる

センスがあると自負している。自意識過剰だが気配り上手。

髪型を整える

長髪（男性）
争いが苦手。耳を隠すなら外の世界をシャットアウトしている。

短髪（男性）
男らしさ重視。女性に紳士的であろうとする。支配的な傾向も。

白髪をきれいに染める
マメな人。人生に未練がある。

ピアスを空ける

自分の体を使って新しい自分を表現したいと思っている。数が多いほど承認欲求が強く、おへそや鼻などにつける人は顕示欲求が高い。

腕時計をつける

アナログ
繊細でまじめだが、優柔不断で決断力がない。

デジタル
頭の回転が速く、論理的。発明家タイプ。

つけない
束縛を嫌う自由人。ルーズな一面もある。

実験

イケメンでもダサければ評価は下がる？

男子大学生を対象に行った実験です。顔写真でイケメンと評価された男性に低評価のダサいファッションをさせる一方、イケメンでない男性に高評価の服を着せたら、全体の評価がどう変わるかを調べました。すると、顔はそれほどでなくても高評価の服を着たほうが魅力的と判断されたのです。対人評価は服装のセンスで左右されるというわけです。

プラスα 自分の体型に不満がある人ほど、ファッションにも不満をもちやすい。自分の体型が理想とは違い、何を着てもしっくりこないため。ろくに着ないのに服をたくさん買う人にはこのタイプが多い。

ファッションから読み取る人物像

バッグに詰め込む中身の量は不安の量

◆不安が多い人のバッグは大きい

毎日使う通勤バッグの中身がやたらに多い人がいます。持ち物をチェックしてみると、こんなものまで…という品が入っています。そもそもバッグの中身は必要最小限にするのが一般的ですが、心配性の人はあれこれ困ったシチュエーションを想像し、荷物が多くなってしまいます。つまり、荷物の多さはその人の感じているストレスや不安の量に比例しています。

この傾向は特に女性に多く、男性がスーツなどのポケットに最低限の持ち物だけで外出できるのに対し、女性は荷物が増えがちです。さらに、大地震などの災害に遭遇した経験から非常用品も持ち歩くようになり、以前より荷物が増えてしまった人も見られ、やはり不安やストレスが影響していることがうかがえます。

そのほか、**自我の肥大化（ひだいか）***が持ち物の多さに影響することもあります。

大荷物を持って
外出したのに、
結局財布しか
使わなかったことは
ありませんか?

◆トートバッグを使う人は大らか

ふだん使うバッグには、その人のこだわりがよく表れています。そのため、バッグの種類によって持ち主の大まかな性格や傾向がわかると言われています。アタッシュケースや機能重視のビジネスバッグ、トートバッグやクラッチバッグなど、相手が持っているバッグを観察すると意外な一面が見えるかもしれません。

*自我の肥大化　ノルマや目標を達成することに喜びを感じ、さらに上を目指そうという欲求が高まること。その高い目標を達成するには、必要な物が多いと感じるため、荷物も増えてくる。

毎日使うバッグには性格が反映される

バッグはつねに持ち歩いて使うものだけに、持ち主の性格が見て取れます。

トートバッグ

大らか

仕切りがなく、口の開いたトートバッグを持つ人は、大らかな性格。不安感が少なく、マイペースな傾向にある。

リュック

行動力がある

動きやすいリュックを使う人は、フットワークが軽く、合理的なタイプ。用意周到で用心深い一面も。

クラッチバッグ

決断力がある

必要最小限のものしか入らないこのバッグを使う人は、迷わず決断できる潔(いさぎよ)いタイプ。

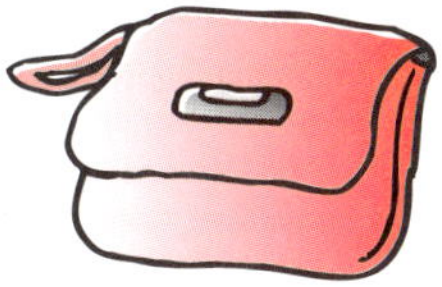

アタッシュケース

かたくな

考えや感情を表に出さず、変えたくないタイプ。見栄っ張りで「デキる人」だと思われたいから持つ場合も。

カギがついている

人づきあいに慎重

自分のペースを乱されたくない。自分は自分、相手は相手と割り切っているタイプ。

ポケットが多い

完璧主義

機能重視で几帳面な性格。ポケットに入れるものまで決めているのは、神経質で完璧主義ともいえる。

使い込んでいる

融通が利かない

傷んできても同じバッグを使う人は、こだわりが強いタイプ。自分の意見を曲げず、融通が利かないことも。

プラスα まれにきちんとしたバッグではなく手提げの紙袋などを使う人がいるが、こうした人は周囲の目が気にならない、無関心なタイプ。よく言えば無邪気で飾り気がないが、自分本位なところがある。

ファッションから読み取る人物像

化粧をすると顔も心も外向的になる

◆化粧で社会的な顔をつくる

女同士の話では、スッピンで出かける限界点が話題になることがあります。家の前にゴミ出しに行くときですら化粧なしではNGという人もいれば、最寄りのコンビニまでなら化粧しなくてもOKなど、女性には人それぞれ基準があるものです。

このように化粧をしないと外出できないとか、化粧なしで出かけられる範囲が限られるというのは、化粧をした顔が自分にとっての**社会的自己**だからです。会社や学校に行くときに化粧をするのは、社会的自己というある種の仮面をつくるためです。また、女性は化粧をすることで自分に自信が持てるようになり、それにより自然と発言数や積極的な行動が増えることは実験によっても立証されています。

ちなみに、家に帰って真っ先にメークを落とす人が多いのは社会的自己を取り払い、**私的自己**、つまり素の自分に戻るためでもあります。

化粧をするかどうかが問題ではなく、自分に自信を持って過ごせることが大切です。

◆心の健康にもよいことづくし

化粧は見た目を変えるだけではなく、心を元気に変えていく効果もあります。まず、化粧をする際に自分の顔に触れる〝**自己タッチ**〟や〝**自己愛撫**〟に通じ、心地よさや安心感を感じます。そしてメークが完成に近づくと、自分の顔が変わっていくワクワク感、さらには**変身願望**が満

プラスα 化粧に対する評価には男女差がある。男性は化粧なしより化粧をしたほうが魅力的と感じる人が多い。一方、女性は化粧の効果を熟知しているため、化粧の有無で評価が変わることはない。

たされていきます。そこでは他者の評価は必要なく、自分が満足できればよいのです。

この自己満足感は自分を肯定することにつながり、ひいては自己評価を高めます。自尊心が高く保たれることは、心の健康にとっては重要な要素です。ポジティブな感情を持つことで対人関係がスムーズになり、充実した生活を送れるようになるからです。

気分が沈んだときには、時間をかけて化粧をしてみると元気を取り戻せるかもしれません。

実験 化粧は男性の態度も変える？

男性が化粧をした女性に弱いのは実験でも証明されています。きれいに化粧をした女性とノーメークの女性がそれぞれ道を尋ねたとき、男性は化粧をした女性にはノーメークの女性に対するよりも親切に対応したのです。

ただし濃すぎるメークは逆効果。統計的に男性は平均的な顔を好む傾向が強く、メークが濃いと引いてしまいます。

錯視の効果で目力アップ

アイメイクには、ドイツのミュラーとリエルが発表した錯視（さくし）図形が活かされています。目を大きく見せるテクニックには、心理学的な裏付けがあったのです。

ミュラー・リエルの錯視

上下の線の長さは同じだが、両端につけた羽が外向きに開いているもの（上）の方が、内向きに開いているもの（下）よりも長く見える。

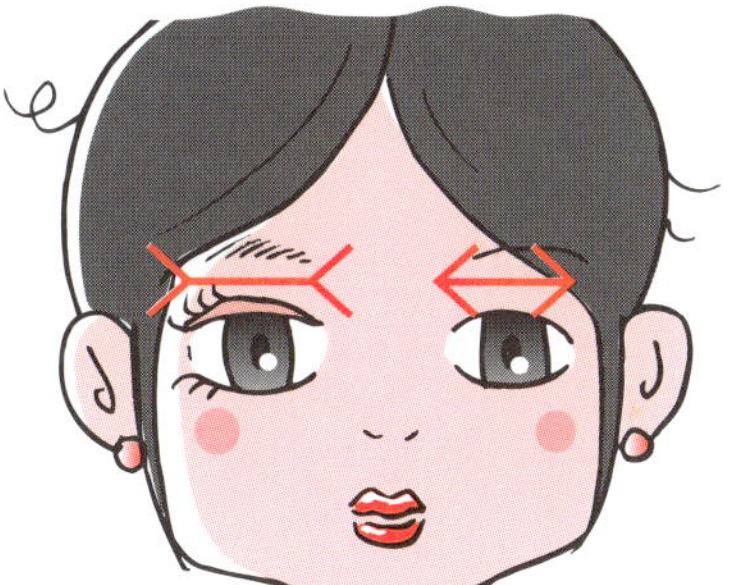

マスカラや、流行のつけまつ毛などを使って目じりに外向きに開いた線を足すことで、目の幅を広く、切れ長に見せる。

プラスα 最近は男性用の化粧品も登場し、売り上げも伸びている。男性が化粧をする心理は、役割演技や自己呈示によるもの。その場に応じて相手に好印象を与え、高評価を得たいと考えているため。

ナース服を着れば人はやさしくなる

◆コスチュームは人を「その気」にさせる

警察官や警備員、料理人やナースなど、制服を見ればその職業だとわかるものがあります。このように制服には職業や身分、その役割を周囲に知らしめる効果があります。

制服のもつ心理効果は着る側にも見る側にも影響を及ぼします。着る側は、その制服にふさわしい行動をとるようになり、一方、見る側にはその制服を着た人に対する、固定されたイメージを持つようになります。

例えば、ナースの制服を着た女性を見ると、〝やさしそう〟とか〝安心できる〟というイメージを持ちやすく、制服を着ている側もその**社会的役割**に応じた行動をとろうとします。まさに制服が「その気」にさせ、役割を演じさせているのです。

スーツや着物を着ると身が引き締まるように、服装は心や立ち居振る舞いに影響を与えます。

◆制服はさまざまな意識を生む

制服にはほかにも効果があります。制服を着ることで「私」がない状態にさせると、集団の意思をまとめやすく、連帯感を持たせる効果があります。一方で、制服によって周囲と差別化できる面もあります。学校の制服やスポーツチームのユニフォームがこれらに当たります。

また、制服を着ることで自己や**社会的なアイデンティティ**が保たれたり、その職業に携わる者のプライドを生み出す効果もあります。

キーワード　ジンバルド　フィリップ・G・ジンバルド（1933年〜）、スタンフォード大学名誉教授、アメリカの心理学者。模擬監獄実験において、制服・扮装（ふんそう）が人に及ぼす心理的影響を証明した。

服装から社会的役割を演じる

囚人役

公募した男子学生を囚人役と看守役に分け、それぞれの格好をさせて役を演じさせた。検査や取調べ、監視などは実際と同様に行った。

看守役はどんどん横暴になり、攻撃的、支配的な行動をとるように。囚人役は無気力で服従的になり、身を守るためにうずくまるようになった。

看守役

継続すると…

無気力で服従的に

エスカレートし、本来の自分を見失う

攻撃的・支配的に

＊ジンバルドの模擬監獄実験

知りたい！

コスプレをする心理って？

自分以外の「誰か」になれる

　コスプレとはコスチューム・プレイの略で、コスチュームを着てその人物になりきること。アニメや漫画の登場人物など多くのジャンルのコスプレがあり、イベントも多数行われています。

　コスプレにハマる最大の理由は、自分が好きな人物・キャラクターになりきり、変身願望が叶えられること。自分以外の誰かになることで自分を解放し、快感を得ているのです。

制服はいつも大人気

　男性にはことのほか制服に惹(ひ)かれる人がいます。その理由は制服が従順さの象徴だからです。ナースやCA（キャビン・アテンダント）などの制服姿の女性はやさしく自分の世話をしてくれるイメージがあり、これが男性の支配欲を満たすのです。一方、女性が惹かれるのは「権力」を感じさせる服装。スーツ姿や医師の白衣などには魅力を感じますが、ブルーカラーの職業の制服は含まれていません。

キーワード　**アイデンティティの道具**　制服によって他の集団と識別され、どの集団に属しているかが周囲に認知されると、その集団に対する自負心が芽生え、社会的アイデンティティを高める効果がある。

ハマりものに表れる深層心理

写真をアップしてリア充をアピール

◆「いただきます」よりまず写真

最近では、旅行に行ったり、テーマパークに出かけたというようなイベントはもちろん、ふだんの食事やおやつに食べたスイーツまで写真に撮る人が増えています。お店でも料理が運ばれてきたら、箸をつける前にスマホやデジカメでパシャッと撮影する人をよく見かけます。

写真が趣味という人もいるのでしょうが、そのほとんどは自分のブログや**SNS**（ソーシャルネットワーキングサービス）に写真をアップするのが目的のようです。こうした写真を投稿することで、現実の生活が充実している（リア充）様子をさりげなくアピールしているのです。

◆人から注目を集めたい

SNSにたびたび写真をアップするのは、心理学的に言うと「**自己顕示欲求**（じこけんじよっきゅう）」や「**自己承認欲求**（じこしょうにんよっきゅう）」によるものです。自分を認めてほしい、受け入れてほしいと思う気持ちで、投稿写真に〝いいね〟や☆をもらうことで安心したいのです。これ自体は当たり前の心理ですし、内容が事実なら問題ありません。

ところが、自分で買った品物を恋人や友人からのプレゼントだと偽るなど、虚栄心や自己顕示欲が強すぎるあまり話を〝盛る〟人がいます。実生活を知る人には嘘だとバレる確率が高いにもかかわらずやってしまうのは、人に注目され

スマホなどの進化から何でも撮る人が増えましたが、自分の目に焼きつけるのもよいものです。

プラスα　ショップや飲食店などで勝手に写真を撮影するのはマナー違反。撮影には許可をとり、他人が映り込まないように注意すること。書店で雑誌や本のページを撮影すると「デジタル万引き」になる。

自己承認欲求の強い人の特徴

マーロウとクラウンは、承認欲求が強い人の行動傾向を調べる実験を行いました。

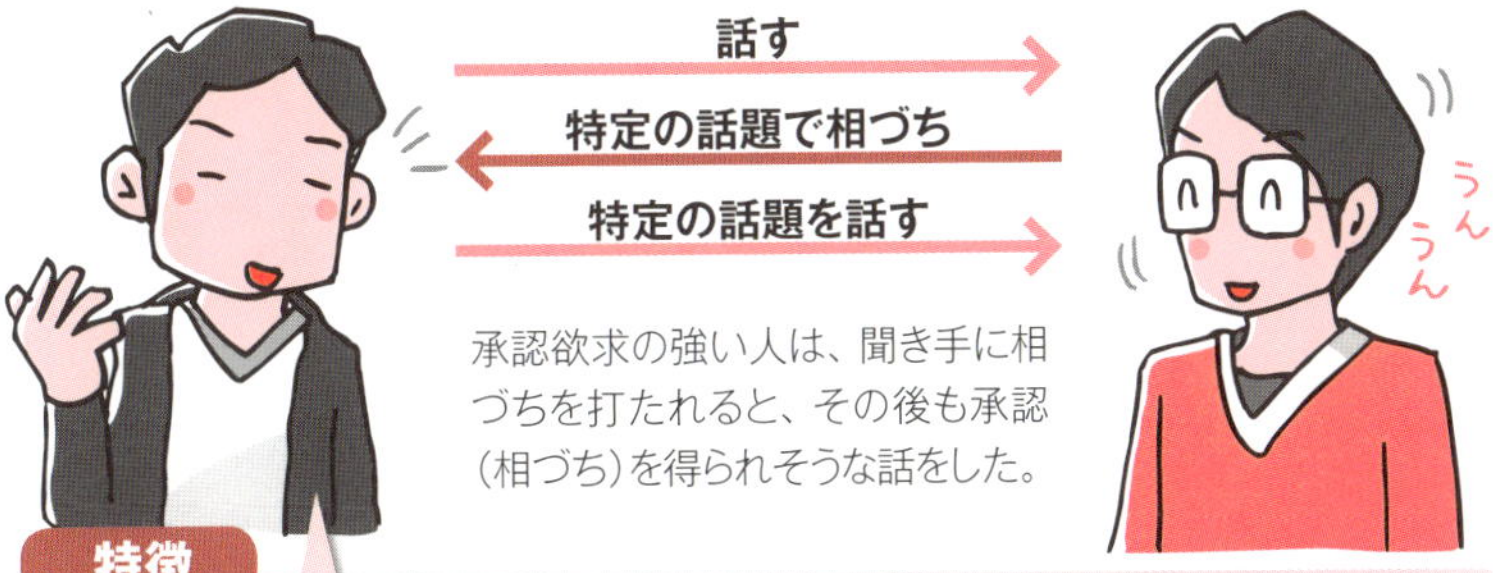
話す
特定の話題で相づち
特定の話題を話す
うん
うん
承認欲求の強い人は、聞き手に相づちを打たれると、その後も承認（相づち）を得られそうな話をした。

特徴

- 慎重で用心深い
- 生産性や個性が乏しい
- 失敗を恐れる
- 自己主張せず相手に合わせる
- ルールに縛られやすい
- あまり相手を攻撃しない

たい願望が強すぎるからです。

また、人には他人より優位になりたいという欲求があります。有名人の目撃談や事件・事故など、自分やごく少数の人だけが知る情報をSNSに投稿してしまうのはこのためです。

社会心理学では人より優位に立つ要素を「**社会的勢力**」といい、これには情報をはじめ、財力や権力、地位、専門知識などが含まれます。

ただし、自慢したかっただけではすまない場合もあるので、情報の扱いには要注意です。

ミニコラム

人の目を意識してアップする

自分の写った写真を見て、「写真写りが悪い」と感じる人も多いはず。ありのままの姿が写っているのにそう感じるのは、自己意識では自分の顔や姿を実物より、よいイメージでとらえているため。さらに、人から自分がどう見られているのかという「公的自己意識*」が強いと、SNSに投稿する自分の写真を厳選します。

*公的自己意識　自己意識には「私的自己意識」と「公的自己意識」がある。私的自己意識とは、自分で自分をどう思うかということ。公的自己意識は他人の目に自分がどう見られているかを意識すること。

手が届きそうだから アイドルにハマる

◆メディアで見かけるたび熱狂的に

アイドルとその熱狂的ファンという図式は、どんなに時代が変わっても存在しますが、そこにも心理学的な要素がしっかり関与しています。アイドルに熱を上げ、ハマってしまう人が続出するのにはちゃんと理由があるのです。それが**「単純接触効果」**です。

売れっ子のアイドルたちは、特にファンでない人ですら、頻繁に目にする回数が多くなっています。歌やドラマ、映画だけでなく、ＣＭやワイドショーなどのマスコミ、ネットなど、あらゆるメディアで連日取り上げられているからです。このように繰り返し接触することによって好感度がアップし、印象に残ります。接触頻度が多いほど、人はその人物やモノに興味がわき、好意や好感を持つようになるのです。これが単純接触効果です。

ファンになって接触回数が増えれば増えるほど、さらにハマるのは必至というわけです。

近年のアイドルは本当に「会える」ことがポイント。実はこれがハマるしくみだったのです。

知りたい!

有名人とのかかわりを自慢する心理って?

街中で有名人と遭遇したとき、友だちにメールしたり、話したくなります。これは「栄光浴（えいこうよく）」を得たいという心理によるもの。

有名人とかかわったと自慢することで自分を優位に見せたい、自分の価値を高めたいと思っているのです。

プラスα タレントにとって好感度の高さが重要なのは、それが仕事に直結するから。特にCMで好感度の高いタレントが起用されるのは、タレントの好感度により宣伝する商品の好感度も高くなるため。

いつの時代もみんなアイドルが好き

アイドルは社会現象まで引き起こします。近年は「アイドル戦国時代」とも言われますが、70～80年代の「アイドル黄金期」を築いたアイドルとは何が違うのでしょう。

今のアイドル

- 庶民的
- プライベートを公開
- 会いに行ける

昔のアイドル

- 「スター」というイメージ
- プライベートは秘密
- 手の届かない存在

◆「会える」から身近に感じる

今のアイドルに熱狂的ファンが多いのは、その親しみやすさにあります。俳優やアーティストに比べるとイベントや握手会、サイン会などで直接本人に会えるチャンスが多く、身近に感じられます。遠くの手が届かない存在ではなく、もしかしたら自分も仲良くなれるかもしれないという期待感を抱くことができます。これを「**ギャップ効果**」と言います。その期待感がさらにアイドルへとのめり込ませる要素となるのです。

応援しつづけると次第に「**自我関与**＊」の心理も芽生えてきます。そのアイドルを応援すればするほど、思い入れや贔屓(ひいき)する気持ちがさらに強くなるのです。何十枚ものCDや写真集を購入したり、あらゆるイベントに欠かさず通いつめたりするなど、アイドルと深くかかわればかかわるほど思い入れが強くなって、その自負心からますます熱狂的になっていくのです。

＊自我関与　自分とのかかわり。この自我関与が多いほど、その人物やモノが自分のもの、あるいは自分と深く関係があるものだと感じ、強い愛着がわくようになること。

ハマりものに表れる深層心理

レアものといっしょに達成感と優越感も買う

◆女性は使いたいから買い集める

男女の違いがよく表れるのが、モノを買うときでしょう。男性と女性ではモノへの執着と価値観に差があり、いわゆる〝コレクター〟は男性に多いという特徴があります。

プラモデルやフィギュアをはじめ、美術品、腕時計やカメラといった実用品でさえ、使うのが目的というよりも、集めて眺めることを楽しむのは圧倒的に男性に多いのです。

女性はと言えば、もちろんブランドの限定品やレアものに目がありませんが、あくまで使うことが目的です。人前で身につけ、持ち歩いて周囲に自慢したい欲求が強いのです。

◆男性は目標を達成したい

男性にコレクターが多いのは、心理学的に見ると「**同属優越感**（どうぞくゆうえつかん）」「**完全主義**」「**強迫観念**」という3つの要素が関係しています。

同属優越感とは同じ趣味をもつライバルに対するもので、相手が持っていない超レアものを手に入れて優越感にひたりたいと思うことです。

完全主義はその名の通り、アイテム全種類をもれなくそろえたいと思うことです。全種類をコンプリートしてこそ、真のコレクターだと思っているのです。その結果、わき上がってくるのが強迫観念です。全部を集めるまでは、どうしても集めるのをやめられません。もう十分に

女性は日常で使うもの、男性は感情移入したものを買い集める傾向があります。

*達成動機　達成するのがむずかしい目標に向かって努力しようとすること。モチベーション。特に、他人がなし得ていないことを自分がやり遂げたいという強い意欲を指す。

集めたし、買うのをやめようと思っていてもあと1つでコンプリートできるとか、新製品が登場すると買わずにいられないのです。

このように、男性は女性のように使うから欲しいのではなく、*達成動機によって突き動かされて収集する傾向が顕著に見られます。さらに、*コンコルド効果によって〝今さら後にひけない〟と思い込むことも大きく影響しています。

そのため、コレクターをやめるのにはかなりの勇気と決断が必要です。

コレクターを動かす3つの心理

集めることが目的になっているコレクターには、次の3つの心理があります。

同属優越感

ほかの人より いいものが欲しい

多少高くてもレアものを手に入れるなど、同じ趣味嗜好をもつ人たちよりも、自分のほうがいいものを手に入れたと優越感を感じたい。

完全主義

コンプリートしたい

シリーズものやセットものは、一つ残らず全て集めたい。

強迫観念

集めないと不安で 気がすまない

集めるからには「絶対にすべて集めなくては！」と思う。自分でもやめようと思っていても、頭から離れず集めずにはいられない。

*コンコルド効果　音速旅客機のコンコルド開発には莫大な投資がなされ、そのまま継続すれば大損失になるとわかっていながら途中で中止できなかった。こうしたジレンマを生む状態のこと。

プチ筋トレで自尊心を満足させる

◆やりすぎはナルシストの可能性も

〝芸能人みたいにかっこいいスタイルになりたい〟という願望は、男女問わず誰もが抱くものです。そのほうが健康的だというのもありますが、やはり異性の目を意識して、かっこよく、美しくなりたいと思うのは自然なことです。

男性の場合、それが筋力トレーニングを始めるきっかけになることがしばしばあります。

鍛えられて筋肉がついた体は、男性らしさや力強さをアピールするには最高のアイテムです。何より鍛錬することで自分に自信が持てるようになり、自尊心も満たされます。また、男性ホルモンには競争心をあおる働きがあります。自分が手に入れた鍛え上げた体を他人と比較して優越感にひたることもできます。

とはいえ、過剰なまでに自分の肉体美にこだわる場合はナルシストの可能性もあります。

◆攻撃性や性欲を発散させるため

ボクシングなどの格闘技やダンスをしたり、ジムで汗を流したり、ふだんから熱心に運動をしている人がいます。実は、このタイプは攻撃性や性欲が強いとの報告があります。しかし、社会生活を送るにはその衝動を抑えなければなりません。そこで、欲求を満たす代わりにスポーツで健康的に体を動かし、発散しているのです。心理学ではこれを「**昇華**（しょうか）」と言います。

女性の理想の
体型が痩せ型に
変化しているのは、
メディアの影響が
大きいようです。

プラスα ナルシストは自己愛が強く、自己中心的で他人に対して傲慢（ごうまん）な態度をとる傾向がある。また、妄想癖があり、自分を大きく見せたがる。自分は特別だという特権意識も強い。

スポーツマンは巨乳好き!?

どんな体型の女性を好むかで、その男性の性格に傾向が見られます。

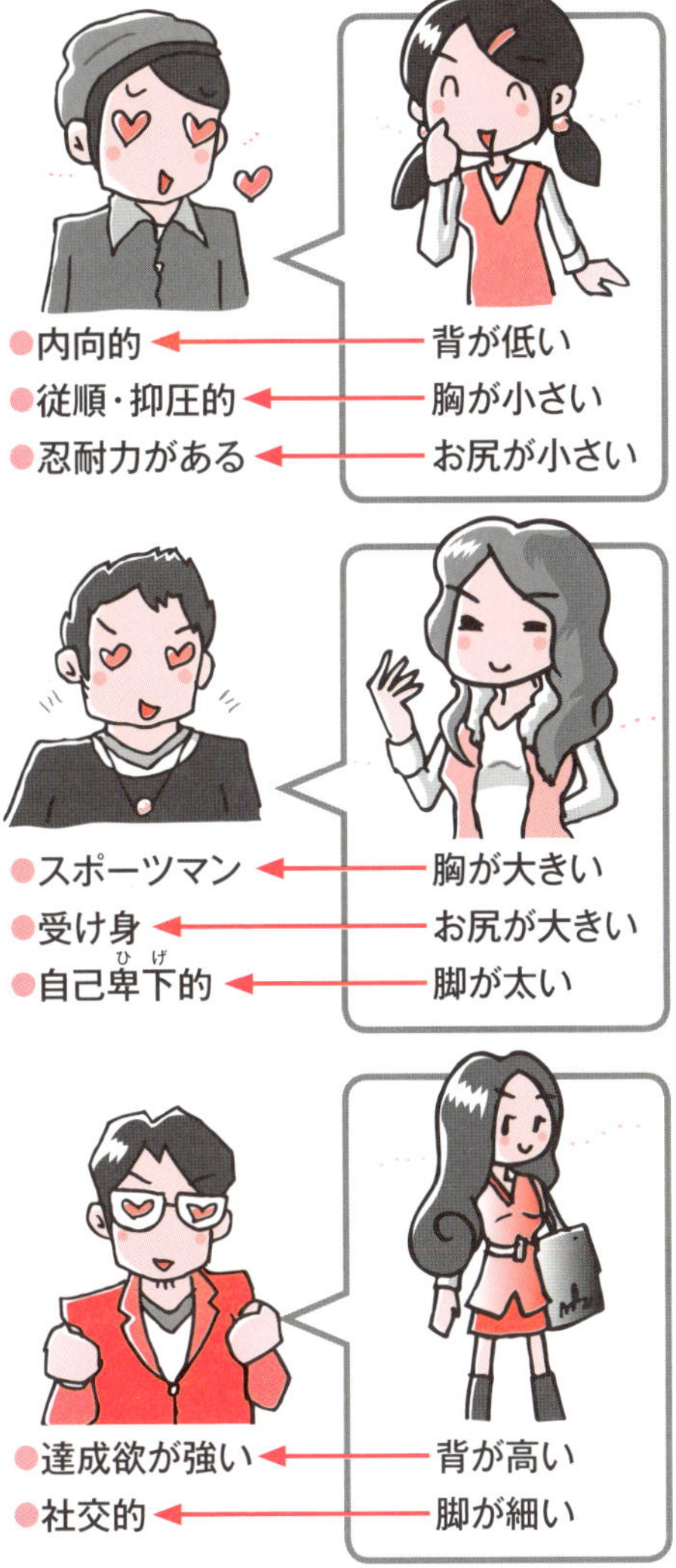

◆女性はダイエットから逃れられない

女性にとってダイエットは永遠のテーマです。美しいボディラインを手に入れるため、ダイエットに励みます。その理由は、男性が恋愛の対象として腰のくびれた若い女性を好むからです。それを裏付ける調査もあります。**男性が好む理想の体型を調べた結果、ウエストとヒップの割合が0.7対1**であることがわかったのです。女性はこうした男性の目を意識しているのです。

近年では、自分や同性の目を意識する傾向も強まっています。同性から羨望の眼差しで見られたい女性が増えたのです。女性がつねに体重を気にするのには、こうした理由があるのです。

プラスα ニューヨークの新聞社が女性の好む男性のスタイルを調査。その結果、意外にもマッチョな体型は好まれず、最も人気があったのは細身の体型。ちなみに最も不人気だったのはメタボ体型。

ハマりものに表れる深層心理

皇居ランをする人はかっこいい？

◆みんなから「すごい」と思われたい

最近、健康のためにジョギングする人が増えていますが、特に都心で何かと話題になっているのが〝皇居ラン〟です。

ジョギングなら別にどこを走ってもよいわけですが、なぜわざわざ皇居ランをするのでしょう？　1周が約5㎞と区切りがよく、信号なしで走れるとか、景色がいいからというもっともな理由もあるのでしょうが、実は「**自己顕示欲**」を満たしたいという深層心理があるのです。

皇居ランをしていると話して、「すごいね！」と言われたいのです。もちろん悪いことではなく、これには長続きさせる効果もあります。

◆形から入るのも方法の1つ

スポーツを始めるとき、真っ先に道具を買いそろえる人がいます。習い事でも、必要な道具以外にあれこれ買ってしまった人もいるでしょう。このような話を聞くと、「形から入ったのね」などと冷やかすことがよくあります。

しかし、この「形から入る」という方法は意外に効果を発揮します。あれこれ買ったと公言することで、やらざるを得なくなるからです。誰にも言わず、ひっそり始めたことはやめるのも簡単ですが、他人に話してしまったらそう簡単には投げ出せなくなります。これを「**パブリックコミットメント***」と言います。

なぜか人気な
「皇居ラン」。
走りやすさのほか
にも深層心理が
関係しています。

*パブリックコミットメント　日本語では「誓約の公表」という意味。人は他人の目があるほうがやる気が出て目標を達成する可能性が高くなる。その目標を大勢の前で公言すると、より効果的。

皇居ランが人気な理由

美意識の高い「美ジョガー」や、ランニングイベントが話題になるなど、近年はランニングブームです。なかでも皇居ランが根強い人気を誇るのはなぜなのでしょう。

何をやっても三日坊主になるという人は、このように形から入るのもよい方法です。

また、壮大な目標より身近で実現可能な目標を立てるのも効果的です。「終末効果」といって、人はゴールが近づくと俄然力が入って、やる気がみなぎり、目標を達成しやすくなります。

ときには環境を変えるのもやる気を引き出すきっかけになります。大会やコンクールなどに参加を表明して期限を決めると、張り切って練習に取り組むようになるはずです。

ミニコラム スポーツにも心理学がある

大会などで活躍したとき、「メンタルが強い」「気持ちで負けなかった」と言うように、アスリートにとって精神面・心理面はパフォーマンスに大きく影響します。

スポーツ心理学とは、アスリートのメンタルサポートや運動能力の上達法など、スポーツ全般に関する心理学を研究するもの。現代スポーツには不可欠です。

プラスα 日本で初めてスポーツ心理学が取り入れられたのは、1964年の東京オリンピックのとき。代表選手の強化策の1つとして採用された。

クッションは幼い頃のぬいぐるみ代わり

◆フワフワした温かいものが好き

部屋にはそこで暮らす人の性格、趣味や嗜好が色濃く反映されます。したがって、部屋を見るとその人のことがかなりよくわかります。本棚に入っている本のジャンル、音楽CDのコレクション、ペットを飼っているか、花や観葉植物を置いているかなどによって、どんなものが好みなのかを知ることができます。

また、室内が整理整頓されているか、雑然としているかによっても性格がわかります。

ところで、ソファやベッドにたくさんのぬいぐるみが並んでいる人がいます。これはいわゆる〝**安心毛布***〟と同じものです。子どもの頃からの延長で、大人になっても安心感を得るためにぬいぐるみが手放せないのです。ぬいぐるみの代わりにクッションが並んでいる場合も同様です。人はフワフワした温かいものが好きなため、ぬいぐるみやクッションに触れることで安らぎを得ているのです。

インテリアには、自分がどんな暮らしをしたいかが反映されています。

実験 赤ちゃん猿は何が好き？

赤ちゃん猿にミルクの出る針金製の人形と、ミルクが出ないフェルト製の人形を与え、どちらを好むか調べたところ、ミルクを飲むとき以外、柔らかく温かい肌触りのフェルト製の人形の横で過ごしていました。食欲よりも、母猿を思わせるフェルト製の人形の安心感を選んだのです。

*安心毛布　スヌーピーが登場するアメリカの漫画『ピーナッツ』のなかで、ライナスという少年がつねに持ち歩いている毛布に由来する。ぬいぐるみやクッションと同じく、不安を解消するための対象物。

部屋の様子から住人のタイプがわかる

「DIY」や北欧のインテリアに関心が集まるなど、部屋づくりにこだわる人が増えています。毎日を過ごす部屋のなかには、住人の人となりが表れています。

パソコンがある
社会に関心があり、好奇心旺盛。人づきあいがうまい外向的なタイプ。

マンガがある
社会に敏感かつ柔軟に対応する。自己チューな一面も。

観葉植物がある
植物は人をホッとさせるため、ストレスが少なく、心が安定した、ゆとりのある人。

ペットを飼っている
孤独を感じており、愛やいやしが欲しい。支配欲求や擁護欲求がある。

ミニコラム 部屋と住人の評価は同じ？

心理学者のマズローとミンツは、室内装飾が人に与える影響を調べる実験を行いました。それによると、汚い部屋にいる人物に対し、多くの人が低評価を下しました。物が散乱した汚い部屋の不快感や嫌悪感が、そこに住む人への評価にも影響したと考えられます。つまり、どんなに美人やイケメンでも汚い部屋に住んでいることがバレると好感度が悪くなるのです。

プラスα 汚い部屋に住んでいると心にも悪影響が及ぶ。頭痛がしたり、疲労感が強くなったりする。また、やる気が出ない、イライラするなどのネガティブな感情が優位になることがわかっている。

How to

行動から自分を変えよう！ポジティブに過ごすテクニック

気分を変えたいなら服の色を変える

●明るい色の服で気分も明るく

誰にでも好きな色があり、何か物を買うときや手持ちの服を選ぶときなどには無意識のうちにその色を選んでいます。

そもそも**色彩**と人の心は深く関係があり、好きな色によって性格がわかるほか、どんな色を選ぶかによってそのときの気分や心理状態がわかります。いつもなら青を選ぶのになぜかピンクを選んだという場合は、そのときの心理状態が影響しているからなのです。逆に、色によって自分の心に働きかけることも可能ですし、相手に与える印象を操作することもできます。

パーティーでは

実践ポイント

シルバーのアクセサリーで女性らしく

シルバーやゴールドのアクセサリー。どちらを選ぶかで、意味するものや印象が異なります。女性らしさをアピールしたいならシルバーを、キラキラと輝きたいならゴールドを選ぶといいでしょう。

シルバー

月をイメージしており、女性らしさを象徴する色。無意識や直感、本能がキーワード。

ゴールド

太陽のイメージ。男性らしさや意識がキーワード。身につければ明るくてパワフルな印象に。

プラスα 米大統領J・F・ケネディの勝因の一つは、テレビ討論会に出演する際、コントラストの効いたスーツとシャツ、ネクタイの色を選び、若々しさや力強さを印象づけたことにあると言われている。

職場では

実践ポイント

茶色のスーツで頼れる上司になろう

黒や紺のスーツが人気なのは、知的で落ちついて見えるからです。フレッシュな印象を与えたいなら緑、冷静さをアピールしたいなら青のスーツを着ましょう。

黒

重厚で威厳がある印象に。無限の底力やバイタリティのある人物として見られる。頑固なイメージを与えることも。

茶

大人を象徴する色。大地をイメージしており、堅実で、安定感や安心感のある印象になる。

グレー

控えめで穏やかな印象を与えるが、退屈そうに見えたり、疲れているように見えることも。

合コンでは

実践ポイント

清楚に見せたいなら白を着よう

合コンは自分をアピールする場。なりたい自分や、気分に合わせて服の色を選びましょう。紫なら妖艶に、黄色なら社交的な印象を与えます。

白

清純で無垢なイメージ。いやし系になれる。まじめで正義感の強い、潔癖なタイプに見えることも。

ピンク

思いやりがあり、愛情豊かな印象に。薄い色では頼りなさそうに、派手な色では性的に奔放なイメージに映る。

赤

情熱的で強い愛情を持った人と見られるが、攻撃的、または性的欲求が強いという印象にも。

プラスα スポーツ選手のユニフォームの色がプレーに影響するかを調べた実験では、黒い色のユニフォームはほかの色に比べて攻撃性の高さを暗示させ、プレーも攻撃的になりやすいことがわかった。

How to

行動から自分を変えよう！ポジティブに過ごすテクニック

笑顔をつくるだけで心も楽しくなる

●表情が感情をつくり出す

一般に、人は楽しいときには笑顔になります。つまり、感情が表情をつくっていると言えます。しかし、実は逆バージョンも成り立つのです。心理学者の**トムキンス**は「**顔面フィードバック仮説***」を立て、その実験を行いました。

そもそも表情筋は、わずかな刺激に反応して瞬時に表情をつくります。そしてその情報が脳に伝わると、脳はその表情に応じた感情を生み出します。表情をつくることで、それにふさわしい感情が生まれるのです。つらいときこそ笑ってみよう、というのは真理なのです。

毎日

実践ポイント

鏡を見て笑顔の練習をしよう

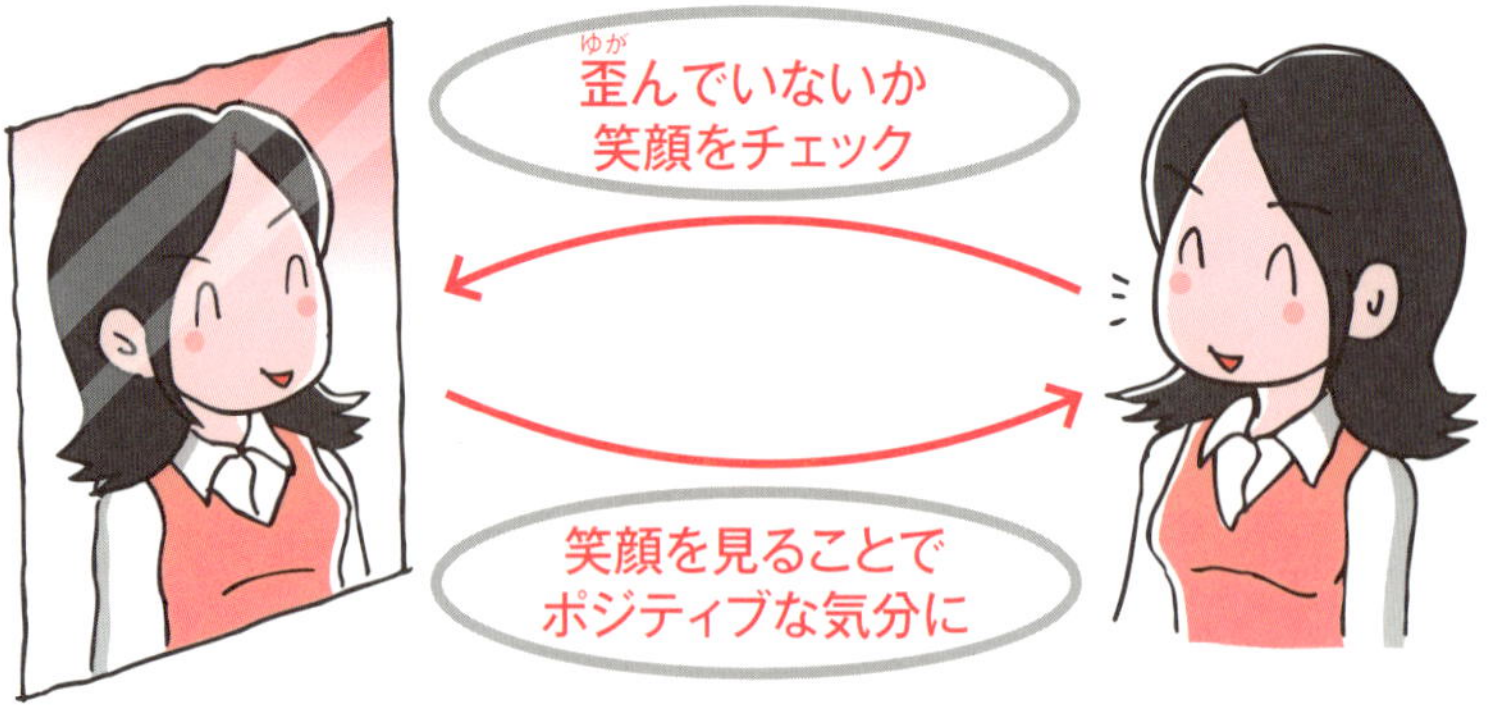

歪（ゆが）んでいないか
笑顔をチェック
笑顔を見ることで
ポジティブな気分に

鏡を見て笑顔の練習をすれば、自分のいちばんよい笑顔をチェックでき、いざというときにすぐつくれるようになります。また、他人の笑顔を見ると自分も笑顔になるように、たとえ自分の笑顔でも、見れば明るい気持ちになれます。

*顔面フィードバック仮説　脳にはもともと表情を認識するプログラムがある。このしくみによって表情の情報が脳にフィードバックされると、逆にその表情に応じた感情が生み出されるという仮説。

つらいとき

実践ポイント

悲しくても眉をしかめない

ラーセンらの行った実験では、眉をしかめて悲しい表情をした人と、していない人が、悲惨な写真を見たところ、前者のほうが写真に悲しみを強く感じました。つまり、悲しくても眉をしかめず笑顔でいれば、悲しみが軽減するかもしれません。

ランクアップ

女性は笑わせてくれる人が好き

お笑い芸人はモテると言われますが、これにはちゃんと理由があります。心理学者のプロバインが行ったカップル間の笑いの研究からわかりました。

人は笑っているとき、脳内物質のドーパミンが分泌（ぶんぴつ）されます。この物質には快感を生み出す性質があります。つまり、女性にとってたくさん笑わせてくれる人は自分を心地よくさせてくれる人と認識され、好感度が上がるのです。

好きな女性に気に入られたいなら、いかにたくさん笑わせるかがカギを握っています。

プラスα 顔面フィードバックは他者への印象も操作できる。顔をしかめた状態で相手を見ると、懐疑的な気持ちになったり、ネガティブな印象を持ったりすることが実験により証明されている。

考え方1つで悪い面もよい面に変わる

◉リフレーミングで見方を変える

リフレーミング（再構成）とは、NLP（P60参照）の基本的なスキルの1つで、視点を変えて選択肢を広げてみましょうという考え方です。

リフレーミングには、相手の行動が肯定的な意味をもつシチュエーションを考える「状況のリフレーミング」と、その出来事・状態を肯定的にとらえ直す「内容のリフレーミング」があります。人は、ついつい偏見や固定観念で人を見てしまいがちですが、リフレーミングではそれをやめることで、ポジティブに過ごすことができると説いています。

苦手な人と話すとき

実践ポイント

相手のよいところを見つけよう

人は苦手な相手と向き合うと、つい批判的に見てしまいがちです。リフレーミングを活用して自分の見方を変えれば、相手を違う面からも評価でき、相手に対する受け止め方も変えることができます。

プラスα リフレーミングは何でもよい方向に考えようというポジティブシンキングと似ているが、決定的に異なるのは、必ずしもすべてをポジティブにとらえなくてもよいという点にある。

意味づけが苦手なとき

実践ポイント

さまざまな見方を練習しよう

NLPでは、無理に前向きに考えるのではなく、異なる視点を探し、さまざまな見方を広げることがポイントです。ほかの意味を見つけるのが苦手な人は、1つの物事に対して多様な見方をする練習をし、ほかの意味を探してみましょう。

失敗したとき

実践ポイント

失敗からプラスの意味を見出そう

上司に叱られてしまった
後輩にもバカにされるかも
なぜあんな失敗をしたのだろう

ここから何が学べるかな？

リフレーミング →

気にかけてもらっているのだ
親しみやすい指導に活かそう
同じ失敗は二度としないぞ

NLPでは、失敗は成功のための材料であると考えます。リフレーミングで物事の見方を変えて、失敗からプラスの意味を見出すことで、気持ちを切り替え、失敗を恐れずに行動することができるようになります。

キーワード　チャンクサイズ　情報サイズのこと。人によってサイズが異なり、物事の細かい部分を見る人と大きく全体像を見る人では理解し合うのが困難。ここを相手に合わせると誤解やケンカを防げるという。

COLUMN+（プラス）

空き時間があれば スマホをいじるのは依存？

最近では、電車やバスのなかでも、新聞や雑誌を読んでいる人よりスマホをいじっている人のほうが圧倒的に多く見られます。スマホは多様な使い方が可能なため、これほどまでに夢中になる人が多いのでしょう。

しかし、スマホが片時も手放せない、メールを頻繁に確認しないではいられないなら、「スマホ依存症」の心配があります。

日常生活に支障をきたしたら要注意のサイン

総務省が平成25年に青少年を対象に行った調査では、約62%が暇なときはとりあえずスマホをいじると回答し、約42%がスマホを家に忘れると不安になるとも答えています。

こうした人が全員依存症というわけではありませんが、食事の時間や入浴中も手放せないなど、日常生活に支障が出始めたらスマホへの依存が疑われます。

メールチェックばかりするのも依存症の可能性あり

メールやSNSの返信が気になって仕事や勉強の手が止まるとか、数分おきにチェックする場合もスマホ依存症と言えます。

仲間はずれが怖いという気持ちもあるのでしょうが、不安を断ち切り、依存症を改善するためにも、使用時間を決めたり、一定期間使わないといった思い切った対処が必要です。

第3章

仕事で役立つ！

デキる人間から学ぶ行動

ビジネスで成功するためには?

先生がなぜここに？
食堂がおいしいから！
だって先輩うなずいてるだけなのに上司のお気に入りだし…
自分の意見を認められてイヤな人はいないよ
▶P108
お
ハナコくんいいところに
えん
この前雑用断ったんだから今日は雑用頼めるかな？君も手伝ってあげて
あ、ハイ
▶P137
ええ〜!? これ全部〜!?
そんなぁ〜
とばっちり〜
仲良くなるチャンスですよ
2人でやればすぐ終わるさ
▶P126
デキる人は人の心を操るテクニックをもっている

上司の心をつかむコミュニケーション

嫌いになるのは上司からか部下からか

◆嫌われれば嫌いになる

働く人にとって何かと悩みのタネになるのが、職場の人間関係です。なかでも特に影響を及ぼすのが上司の存在です。部下は上司を選べないので、配属された環境でやっていくしかありません。そのため、上司とソリが合わないと仕事の中身以前に強いストレスとなります。

上司と上手につきあいたいのにうまくいかないときは、まず自分がその上司をどう思っているのか、ここに注目してみましょう。

ふだんから「なんとなく苦手」とか「ウマが合わない」などと思っていませんか？

実はこれが原因です。こうしたネガティブな感情を持って接していると、相手に伝わります。すると、相手も同様の感情を抱くようになるのです。これを「**嫌悪の報復性**（けんおのほうふくせい）」と言います。

この状態が続くと関係が悪化し、「**ネガティブコミュニケーション**」と言って、互いに言葉の端々や態度に嫌悪感が表れるようになります。こうなると修復がむずかしくなります。

◆関係改善には好意を示そう

上司と良好な関係を築くには、好意を示すのが最も効果的です。嫌悪の報復性とは逆の「**好意の返報性**（へんぽうせい）」です。自分が好意を持って接すると、相手も自分に好意を抱くようになります。

露骨なお世辞やお愛想はかえって嫌みになる

負の感情は相手に伝わって自分に戻ってきます。先入観を持たずに接してみましょう。

アドバイス　露骨にごますりだと思われずに上司に好意を示すには、上司と仲がよい人に伝えるのも効果的。間接的なほめ言葉のほうが、相手に伝わったとき、より好意を持たれやすくなる。

上司は部下のために叱っている？

上司の叱り方から、その上司のタイプや、部下に対する接し方が見えてきます。

見下ろしながら叱るタイプ

上下関係第一。目下の者が自分に従うのは当然だと考える。自分がいちばん可愛いため、部下のミスを助けない可能性も。

立たせたまま叱るタイプ

自分の地位に絶対の自信がある。部下を持ち駒と考えるため、使えないと判断すれば切り捨てることも。

人目につかない所で叱るタイプ

部下の立場に配慮し、ほかの人の目に触れないように叱っている。部下のためを思って叱っている愛情のあるタイプ。

ので、ふだんの会話で「ごいっしょできてうれしいです」「ご意見たいへん参考になりました」などと好意をアピールしてみましょう。

また、相手に苦手意識や嫌悪感を抱く原因には、色眼鏡で相手を見ている場合もよくあります。そこで、その人のよい面に目を向けるように意識してみましょう。例えば、口うるさいのは、心配して注意してくれていると考えるようにするのです。このように視点を変えることを「**リフレーミング**（P96参照）」と言います。

> 知りたい!
>
> **必要以上に叱る上司の心理って？**
>
> ミスをして上司に叱られるのは仕方ないことですが、なかには必要以上に厳しい言葉で罵倒する人がいます。
>
> このタイプは自分に自信がなく、コンプレックスを抱えています。過去に自分も上司に叱責された経験があり、今度は部下を相手に鬱憤を晴らしているのです。これは「投影*（投射）」という自己防衛反応の一種です。

*投影　自分に問題があるのに、それを自分の心のなかではなく、自分の外側、つまり他者にあると思い込んで、無意識のうちにその相手に問題を押しつけ自らの問題を抑圧すること。

上司の心をつかむコミュニケーション

アサーションは意見を伝える高度なワザ

波風を立てずに
上司へ自分の意見
を伝えるのには、
ちょっとしたコツが
あるのですよ。

◆反対意見は言いづらい

職場において、基本的に部下は上司に逆らえません。反論するには勇気が必要ですし、ときと場合によっては配置転換になったり、職場で居場所を失ったりする危険もはらんでいます。

その理由は、職場の上司や雇い主は、「**社会的勢力**」をもつ側の人間だからです。

社会的勢力とは、相手に影響を与える力、簡単に言えば権力のことです。心理学者の**フレンチ**と**レイブン**は、社会的勢力には、例えば、従わない者をクビにできる雇い主などがもつ**強制勢力**や、**報酬勢力**(ほうしゅう)*などがあると述べています。

職場にもよりますが、上司は強制勢力や報酬勢力によって部下を従わせることができます。

そのため、部下は上司の命令を聞き、意見に賛同するのです。さらに、同僚も同じく上司に逆らうことはできないため、「**同調心理**」が働くと誰も異を唱えようとしません。そうなると、ますます反対意見が言いづらくなります。

ミニコラム 批判が信頼関係を深めることも

ドラマなどで、上司の間違いを指摘したことで認められる展開がありますが、これは「イデオシンクラシー・クレジット（＝個人的信用）」によるもの。時間をかけて築き上げた信頼度のようなもので、これがあると、批判も「言いにくいことを言ってくれた」と、信頼が深まるのです。

＊報酬勢力　社会的勢力の1つ。勤務先の企業や、その上司などを指す。命令に従うことによって給料やボーナスが上がる、昇格できるといった報酬が与えられる。そのため、逆らうのがむずかしい。

お互いを尊重し合うことがポイント

○ アサーティブ	× ノン・アサーティブ	× アグレッシブ
自分の意見も相手の意見も尊重して主張する	相手を中心に考え、自分の意見は抑え込む	相手のことを考えず、自分中心で攻撃的に主張する

アサーションでは、両方の意見から妥協点を見出すのがポイント。

ノン・アサーティブでは、一見丸く収まっても、相手に対して不満が溜まってしまう。

◆まずは上司の意見を認める

いくら上司には逆らえないとはいえ、何にでも「YES」とは言えない場面もあります。倫理に反するときや、放置すれば損害が生じる危険がある場合は、たとえ相手が上司でも反論すべきです。

また、これほど大げさな状況でなくとも、自分なりの意見を述べたいときもあるものです。そんなときに使えるワザがあります。「**アサーション***」という方法です。アサーションでは、相手の意見をまず認めたうえで、自分の意見を述べます。人は、否定や拒絶されると不快に感じるものです。ましてや部下から反論されれば、上司にとって愉快なわけがありません。

そこでまずは上司の意見を認め、肯定します。うなずきながら話をよく聞き、相手を立てたうえで自分の意見を述べるのです。すると、上司も部下の意見に耳を貸す気になるはずです。

*アサーション　コミュニケーションスキルの1つ。自己主張が苦手な人でも実践しやすいのが特徴。攻撃的でなく、また言いなりになるのでもなく、相手も自分も尊重し、上手に意見することができる。

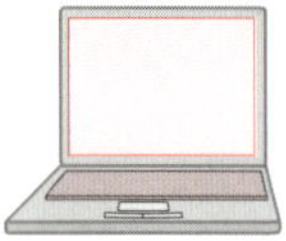

「今どきの若者は」に話を合わせる若者は

◆「昔」と比較するのはなぜだろう

上司から叱られたとき、「今どきの若者は…」などと言われて余計にイラついたという人も多いでしょう。なぜ、上の世代の人たちはこうも若者に対して批判的なのでしょう。その理由は実は若者にではなく、自分自身にあるのです。

人は、誰でも自分がすぐれた存在であると思いたいし、それを他人にも認めてほしいと思っています。これを「**自己承認欲求**（P80参照）」と言い、上司にも当然この欲求があります。

つまり、上司は自分たちの世代のほうがすぐれていたと思いたいがゆえに、自分たちを肯定するために若者を批判するのです。

◆「若者」と一括り（くく）にされてしまう

「今どきの若者は」と言われてカチンとくるのは、誰か1人のケースを若者全体のことのように言われるからです。ダメなのはその人だけなのに、一括りにされて理不尽に感じるのです。

しかし、これにも理由があります。自己承認欲求を満たすには、自分が属する集団を肯定し、それ以外を批判の対象にする必要があります。

そこで、自分たちの世代はがんばってきたのに、今どきの若者はそれに比べてダメだと批判するのです。「今どきの若者は…」と「昔はよかった」というセリフがつねにセットになっているのは、こうした理由があるからです。

若者が、仲間内や年下に対して「若い」「子ども」と言うのも、同じ心理からです。

プラスα　若者批判はいつの時代にもあった。約5000年前の古代メソポタミアの石版にも掘られていたことが確認されており、ギリシャの哲学者プラトンやソクラテスも自著で若者を批判している。

欲求が満たされるたび成長する

アメリカの心理学者マズロー*は、人間の成長には5段階の欲求の発達があると唱えました。下から順に上がるのが基本ですが、ときには下りることもあります。

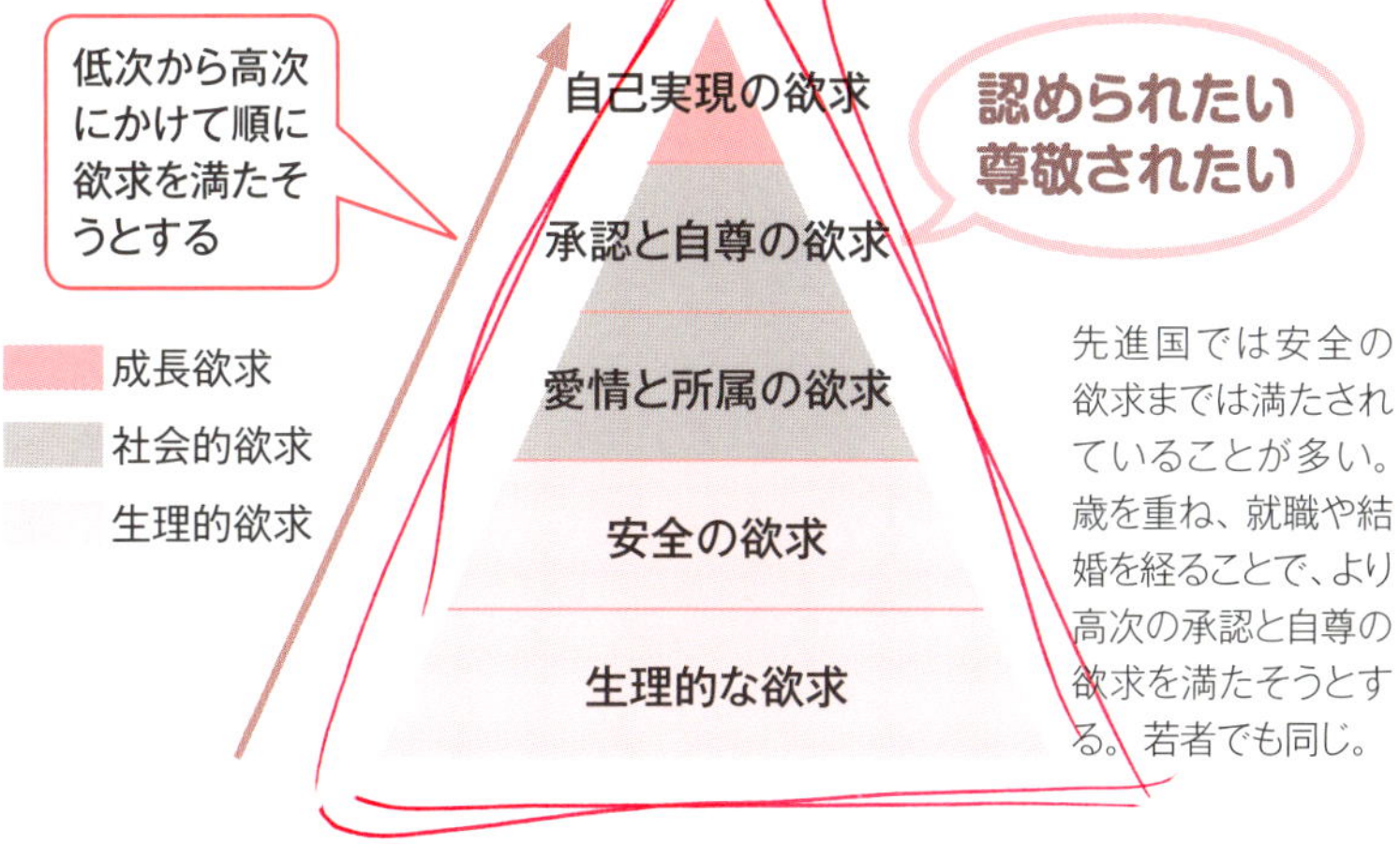

◆いつかは自分も若者を批判する

若者批判をする上司の深層心理には、加齢に伴う不安や社会から取り残されるかもしれないという恐怖心もあります。なかには、人生経験が豊富な自分と未熟な若者を比較することで自己承認欲求を満たそうとする人もいます。

上司とて人の子、自分を認めてほしいのです。その心の内を理解して、できるだけ上司を立てましょう。いずれ、自分も若者批判をするようになるかもしれません。

ミニコラム

人の認知は大雑把

「今どきの若者は」などと、何でも十把一からげにするのは認知特性によるもの。人は、自分が属す集団以外を認知する場合、「外集団均一性認知」と言い、単純化させ、大雑把に認知する傾向があります。効率的ですが、ステレオタイプの物の見方や偏見につながる危険性も。

*マズロー　アブラハム・ハロルド・マズロー（1908～1970年）、アメリカの心理学者。人間の基本的欲求を示した「マズローの欲求5段階説」で知られる。

上司の心をつかむコミュニケーション

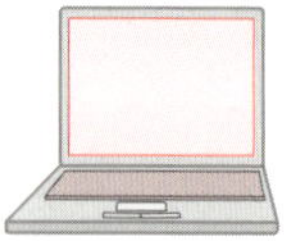

上司の意見にうなずくだけで信頼される

◆上司にはやっぱり好かれたい

職場で仕事をスムーズに進め、人間関係を良好に保つには、上司とうまくつきあうことが大切です。そのために必要なスキルが「**迎合**」です。特定の相手の好意を得る言動のことで、簡単に言えばごますりのようなものです。

ごますりなんて姑息なことをしたくないと思う人もいるかもしれませんが、コミュニケーションを円滑にするには有効な手段です。それによって上司とうまくつきあえるなら、むしろ積極的に活用したほうが得策です。

心理学では迎合による行動には、ほめたり賞讃する「**賛辞**」、相手の意見に同調する「**同意**」、自分を卑下して相手を持ち上げる「**卑下**」、相手に喜ばれるように気配りする「**親切**」という4つの種類があります。

注意点は、大げさな迎合は嫌みになるので、状況に応じて、さりげなく使い分けることです。

たとえ話を合わせていても、自分と同じ意見の人に対して、悪い気はしないものです。

◆自分と同じ意見の人は好印象

人は、自分と反対意見をもつ人より同意見の人に好意を抱き、評価する傾向があります。これを「**一致効果**」と言います。アメリカの心理学者**ジョナサン・コーラー**による説です。

上司や取引先に気に入られたいとき、自分が相手にとって好ましい人物であることをアピールするには、相手が嫌がることは当然避けるべ

プラスα　最近では上司が部下に迎合する例も増えている。部下のほうが人数も多く、自分はひとりきりなので、嫌われたくないとか孤立したくないという強い不安を感じているため、部下にすり寄る。

きです。こんな場合には一致効果を活用し、相手の意見に賛同して、受け入れるように振る舞うことで信頼を得ることができます。

ただし、一致効果が有効なのは比較的関係が浅いときです。つきあいが長くなって互いの人となりがわかってくると、何にでもハイハイと同意したり、その場でハイと言っておきながら後で意見を翻（ひるがえ）したりすると信用を失います。

長く良好な関係を築くには、好意を示すこと（P102参照）や**アサーション**（P104参照）によるコミュニケーションを取り入れるのもよいでしょう。

好感度は数よりマッチ度

心理学者のバーンは、同意見数と好感度の関連を調べる実験を行いました。その結果、同意見の数の多さよりも、同意見の比率（マッチ度）のほうが好感度に影響しました。

同意見の数よりもマッチ度が高いほうが好感度に影響する

実験
権限のない上司にも取り入る？

上司に取り入るのは、多くの場合は自分の評価が上がるなどの見返りがあるからですが、では、見返りがない上司が相手の場合には人はどうするのかという実験が行われました。

その結果、権限があり、人間関係重視型の上司の場合には取り入る人が多く、逆に権限がなく、業績重視型の上司の場合には取り入る人は少なかったのです。利のない上司には取り入らないという現金な人が多いようです。

プラスα　実験によると、意見が同じでも相手が自分に好意を持っていないとわかると人は好意を抱かない。一方、たとえ意見が異なっても相手が自分に好意を持っているとわかれば、相手を好きになる。

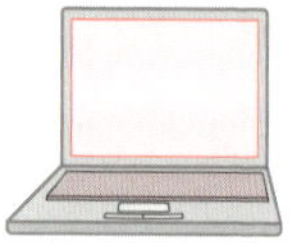

上司への尊敬は第三者から伝えるほうが効果的

◆「ほめること」に意義がある

人は誰でも自分のことをすぐれていると思っており、他人に認められたいと思っています。これを「**自己承認欲求**（Ｐ106参照）」と言います。そのため、誰かにほめられると口では「いやいや、そんなことはないよ」などと謙遜しつつも、かなり気分がよくなります。

そして、ほめてくれた相手に好印象を抱きます。「自分を認めてくれた」「自分の味方だ」と思うのです。その結果、ほめてくれた人に好意を持つようになります。ほめるという行為は**迎合**（Ｐ108参照）の一種で、上司とうまくつきあうには、ほめるのが効果的です。

◆ポイントを押さえてほめる

ほめるのがよいとはいえ、どこをどうほめればよいのかわからない人も多いでしょう。上手にほめるには、相手がほめてほしい部分を的確に押さえることがカギです。

まず、オーバーすぎないこと。大げさにほめるとかえって空々しくなってしまいます。そして、相手がふだんからこだわっている部分や大切にしていることをほめます。

また、漠然と「すごいですね」と言うより、具体的にどの部分が素晴らしいのかをほめるほうが効果的です。

タイミングも重要です。少し前のことを「あ

相手の心を
くすぐるほめ言葉
も、タイミングや
ポイントを押さえれば
さらに効果的。

アドバイス　ほめ言葉は「さしすせそ」で覚えると便利。さ：さすがです・最高です、し：信じています・親切ですね、す：すごい・素敵・素晴らしい、せ：センスがいい、そ：尊敬しています、など。

ほめ言葉の効果が上がる２つのコツ

人づてにほめる

第三者を介して相手の耳に入れることで、直接ほめるよりも信憑性が高くなり、影響力が上がる。

お世辞に弱い上司を見極める

部下に干渉をする支配的なタイプや、出世のことばかり考え、損得勘定で人に接するタイプは、お世辞を言う部下に高い評価を与えやすい。

のときはすごいと思いました」などとほめると、覚えておいてくれたと喜んでもらえます。

人づてにほめるのはさらに効果的です。これは「**ウィンザー効果**」と言い、第三者を通して間接的に噂話として耳に入るほうが、情報の信憑性（しんぴょうせい）が高くなるため、それを耳にした本人はよりうれしく感じるのです。

◆「そんなことはない」と否定されたら再否定を

人からほめられたとき、たいていの人は心のなかではニンマリ喜びつつも、口では「いやいやそんなことはないよ」などと否定します。

日本人の場合は謙遜が美徳とされているので、特にこうした反応が見られます。しかし、ここでさらにすかさず、「何をおっしゃいます！そういうところも素晴らしいですね」と再否定するのがほめるときのコツです。

こうしてすぐに否定されることでプライドがくすぐられ、よりうれしく感じるものです。

プラスα ほめられると伸びるというのは事実。1つのことを繰り返しほめられると、ほかの部分もほめられていると感じて全体的に自信がつくようになる。部下を育てるときにも効果的。

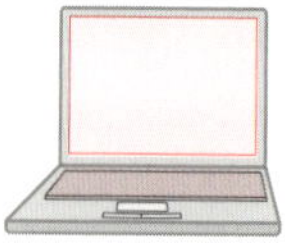

何を考えているのかわからない部下

隣の人にランチの誘いのメールを打つ

◆会話を避ける部下

最近、電話を取らないとか、取引先に電話がかけられない社員が増えているという話をよく耳にします。特に若い社員に多く、電話で話をするのが苦痛だというのですが、それ以前に電話をかけるのが怖いというのです。

では、どうやって相手に連絡するかというと、メールやＬＩＮＥなどを使うのですが、このままでは仕事に支障をきたすのは必至です。

◆人は楽なほうへ流れる

メールをはじめ、ＬＩＮＥなどのインスタント・メッセンジャーは、現在ではビジネスシーンでも導入され、情報伝達の速さや利便性で普及しています。こうしたデジタルコミュニケーションは、直接会ったり電話で話したりするより気軽で、心理的にも楽にコミュニケーションをとれるのが特徴です。多少言いにくいことでもメールなら伝えやすく、また、電話のように相手の都合を考え、タイミングを見計らってかけなくても送信してしまえばそれですみます。

人は楽なほうに流される性質があるので、メールを選ぶのは自然なことです。とはいえ、重要な案件やデリケートな内容の場合はメールですませるわけにはいきません。直接会って話すのに勝るコミュニケーションはありません。何でもメールに頼りすぎるのは禁物です。

メールは便利ですが、デメリットも。誤解を避けるためにも、直接会って話すのがいちばん。

＊対人恐怖症　人から嫌われたり、低い評価を受けたりすることに強い不安・恐怖を感じる心の病。電話に出られない、人前で話せない、他人と食事ができない、ひどく赤面するなどの症状がある。

メールのメリットとデメリット

メールにはよい面も悪い面もあります。うまく活用しましょう。

心理的に楽な反面…→

メリット

- 時間が自由
- 内向的、話しベタOK
- 言いたいことが言いやすい
- 周りの目が気にならない
- マイペースに考えて話せる

デメリット

- 自己中心的になりやすい
- 反応や表情から気持ちが読めない
- リアルのコミュニケーションが下手になる
- 文面がキツくなりやすくトラブルのもと
- 信頼しづらい

◆自意識が高く、恥ずかしがり

電話が苦手だとか、隣の席の人とも会話を避けてメールでやりとりするような人は、なぜ、そんなにも人と話すのが苦痛なのでしょう？

原因は、「**自意識過剰**」です。人には、自分が周囲の人からどう見られているかを意識する「**公的自己意識**」があるのですが、自意識過剰な人はあまりにも他人の目を意識しすぎる傾向があります。失敗したらどうしようとか、批判されるのが怖いと考えすぎるのです。これは特に、経験に乏しい若手社員に見られます。

さらに、自意識過剰ゆえに人よりシャイネス（恥ずかしさ）も感じやすいのです。そのため、緊張してますます他人との接触が怖くなり、会話や電話で話すことができなくなってしまうのです。それでもまだ会社勤めができるならよいのですが、悪化すると社交不安障害*（対人恐怖症）やひきこもりに至ることもあります。

キーワード **過干渉** 相手に過剰に干渉するという意味。例えば、メールの相手から返信がないとき、自分が相手を不快にさせたなどと思い込み、続けて何通もメールを送るような場合にも過干渉と言う。

何を考えているのかわからない部下

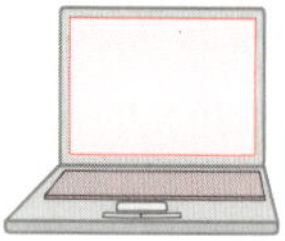

打ち合わせはすべて言い訳から入る

◆事前に予防線を張る

学生時代、試験の前になると決まって「やばい、全然勉強してないよ」とか「バイトが忙しくて勉強時間が足りなかった」などと言う人がいたはずです。自分がそうだったという人も多いかもしれません。

これと同じく、社会人になってからも上司に対して会議や資料の提出前になると、「別件で時間がなかった」とか「風邪をひいて体調が悪い」など、まず言い訳から入る人がいます。

こうして予防線を張り、先に言い訳をしておくことで〝自分に能力がなくてできなかったのではない〟とアピールしているのです。

◆自尊心は守られる

先に言い訳をして予防線を張る行為を「**セルフ・ハンディキャッピング**」と言います。自己防衛反応の一種で、自分自身と他者の評価によって自尊心が傷つかないための行動です。

例えば、提出した書類の出来がイマイチだったとき、もっとまじめに取り組めばよかったと自分で自分を責めるとプライドが傷つきます。また、上司に自分の評価を下げられる危険があります。しかし、「体調が悪かった」などと事前に言い訳をしておけば自分のプライドが守られますし、上司からの評価も保たれます。こうして自分が傷つかないようにしているのです。

あえて自分に不利な条件を言ったり、自らハードルを下げることで、失敗に備えているのです。

プラスα 日本人には事前に言い訳する人が多いのに対し、韓国では逆に猛勉強や猛烈な仕事ぶりをアピールする人が多い。これは結果よりも努力を認めてほしいという心理が強いためと考えられる。

言い訳は自己防衛

言い訳や弁解をするのは、失敗してもそのせいにしたり、合理化を図ったりすることで、自尊心が傷ついたり、自分の評価が下がったりするのを防ぐためです。

◆自分以外のせいにする

先に言い訳や弁解をしておけば、失敗したときにそのせいにできます。失敗の理由が自分以外にあるので、プライドが傷つかずにすみます。

運よく成功したときや評価を得られたときは、準備不足でも目標を達成できる能力の高さをアピールすることになり、自尊心が満たされます。どっちに転んでも自分の利になるのです。

知りたい！ 打ち合わせ前にお腹が痛くなる心理って？

重要な会議やプレゼンがある日に限って腹痛や頭痛に見舞われる人がいます。これは防衛機能の1つで、適応できない状況から逃れ、不安や恐怖を遠ざけて自分を守ろうとする「逃避」という心の働きによるものです。

ただし、あまりに度重なると自分の評価にも響きます。入念に準備して自信をつけるなど、少しずつでも不安感を改善する努力が必要です。

プラスα イソップ物語の「酸っぱいブドウ」の話は、自分に都合のいい言い訳の代表例。手の届かないブドウをあきらめるのに、「どうせ酸っぱいからいらない」と負け惜しみを言い、合理化している。

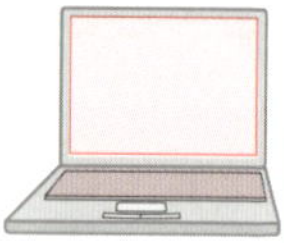

ノルマを達成しても喜ばない

◆自分を過小評価している

業績を上げた部下をほめたのに思ったほど喜んでいないとか、リアクションがなくてがっかりしたという話を聞くことがあります。このように成功してもあまり喜ばず、むしろまだまだ努力が足りないと思い込むのは自己評価が低い人によく見られます。

このタイプはネガティブ思考が強く、成功よりダメな部分に注目しがちで、もし失敗などしようものなら「やっぱり自分はダメだ」と思い込みます。これは「**抑（よく）うつ的自己意識**」によるもので、自分の欠点にばかり目が行き、さらに自己評価を下げて自信を失ってしまうのです。

◆やる気がないわけではない

成功したにもかかわらず、自分の能力ではなく、運がよかっただけだと思い込み、周囲にもそう公言する人がいます。自己評価が低い人や女性に多く見られるもので、これを「**インポスター（詐欺師（さぎし））症候群**」*と言います。

インポスター症候群の人は自己評価が低いので、上司が業績を認めてリーダー職やそれにふさわしいポストを用意してもあまり喜びません。そのため、上司のなかには意欲がないとか、失望させられたと感じる人もいます。しかし、本人は決してやる気がないわけではなく、自己評価の低さゆえに自信が持てないだけなのです。

一見やる気がないようでも、自己評価が低かったり、自信がないだけなのですよ。

*インポスター（詐欺師）症候群　なぜ詐欺師かというと、自分を輝かしい業績に本当は見合わない人間だと思い込んでおり、上司や周囲の人を騙（だま）していると思い詰めることからこう呼ばれている。

努力をほめればチャレンジするようになる

ほめても喜ばない部下には、部下の能力や仕事の成果をほめるのではなく、部下の努力をほめるのが効果的です。

君には能力があるね
よくがんばったね
努力することに喜びを感じる
新しいことに挑戦する意欲を持つ

◆出る杭（くい）にはなりたくない

日本人は、欧米人に比べて「出る杭」になるのを極端に避ける傾向があります。「出る杭は打たれる」と言われるように、目新しいことに挑戦するのはハイリスクです。成功すればまだしも、もし失敗したら糾弾（きゅうだん）され、責任を追及されます。危険を冒（おか）すくらいなら、迂闊（うかつ）に目立つようなことをしないほうがマシだというのです。

特に最近では不祥事を過剰なまでにバッシングする傾向が強く、より慎重に物事を進める風潮が色濃くなっていることも影響しています。

人には、成功したいとか目標を達成したいという願望ももちろんありますが、一方で成功するのを恐れる「**成功回避欲求**」もあると言われます。例えば、成功することで多忙になり、家族との時間が失われたり、女性なら出産の時期を逃したりするリスクがあるため、現状維持に努めようとするのです。

キーワード **失敗回避欲求** 成功回避欲求とは逆に失敗を恐れ、避けようとすること。そのためには新しいことに挑戦せず、現状維持をひたすら目指す。リスクは少ないが、事なかれ主義に陥りやすい。

指導しているのに熱意を感じてくれない

指導しているつもりでも、部下に対する期待が伝わっていないのかもしれません。

◆どうせ期待されていないと思っている

熱心に部下を指導しているのに、部下のほうに今一つ熱意が感じられない。そんなときは、自分の指導法を少し見直してみましょう。

指導する際に、部下に考えさせずに自分のやり方を押しつけたり、「だからダメなんだ」などと叱責（しっせき）したりしていませんか？　これでは部下は「自分は信頼されていない」「どうせ期待されてないし」と考えるようになり、当然ながらやる気も出ませんし、成果も上がりません。

部下のやる気を引き出すには、上司が部下を信頼し、「期待しているよ」「がんばれ」などと声をかける**外発的動機づけ**が大切です。上司が自分に期待しているとわかれば、部下はその期待に応えようと努力して成果を出すようになります。これを「**ピグマリオン効果**」と言います。

デキる上司とは成功したときは部下をほめ、失敗したときは部下を責めずに自分が責任をとるものです。こうした姿を見せることで、自然と部下との信頼関係が生まれ、より慕われる上司になれるのです。

◆プラスにもマイナスにも働く

周囲の期待だけでそうそううまく成果が出るのか訝（いぶか）しく思うかもしれませんが、実際に効果が出ることが明らかになっています。「**自己成就（じこじょうじゅ）予言（よげん）**」と言って、自分や周囲の人が「大丈夫、

キーワード　ピグマリオン・マネジメント　ピグマリオン効果は仕事に慣れた中堅社員より、若い新入社員に有効である。新入社員の指導にはピグマリオン効果を発揮させる有能な上司を配置するといい。

きっとできる！」と言い聞かせ、行動することによって予想以上のやる気が引き出されて実現することができるのです。このように自分や周囲の言動がプラスに働くことを**「ガラティア効果」**と言います。ちなみに、ガラティアとはギリシャ神話に登場するピグマリオンが恋をした彫像の名前からきています。

一方、周囲の人が「君はダメだな」とか「君にできるわけない」というネガティブな態度で接すると、その人は自尊感情が低くなり、実際にダメになってしまいます。これを**「ゴーレム（泥人形）効果」**と言います。

上司からの期待が部下を動かす

期待されるか、ダメな部下だと決めつけられるか、扱われ方で部下は変わります。部下の成長は上司の接し方次第です。

君ならできる！ 期待される

上司が部下に期待を抱き、それを部下が感じられるように接すれば、部下も期待に応えようと努力する。

どうせできない 期待されない

上司がデキない部下だと決めつけて接すると、部下も「期待されていないからいいや」とあきらめて生産性が低下したり、萎縮してミスしたりする。

実験

強すぎるムチは逆効果？

「アメとムチ」とは、うまくできたらご褒美、失敗したら罰というやり方ですが、マウスを使った実験で、強すぎる罰が逆効果になることがわかりました。失敗して強い電気ショックを与えられたマウスは、何もせず、じっとしているほうが安全だと判断して動かなくなったのです。つまり、指導とはいえ厳しくしすぎると部下はやる気を失います。

キーワード 外発的動機づけ　やる気を出させる外的要因のこと。ほめる、叱る、援助するといった周囲からの働きかけを指す。一方、内発的動機づけは本人の内側から芽生える達成感や興味、好奇心など。

うまくつきあいたい同僚

同期とばかり自分を比較してしまう

◆比べることで自分の位置を知る

〝人と自分を比べるな〟〝自分らしくあれ〟などと言いますが、実際には、人は他人と自分を比べずにはいられない生き物です。それは、人に「**対人比較欲求**」があり、他人と比べることで自分の立ち位置を確認しているからです。

自己評価には、特定の基準に照らし合わせて判定する「**絶対評価**」と、他者と比較する「**相対評価**」があります。他人と自分を比べるのは、後者の相対評価のうち「**社会的比較**」と呼ばれるものです。人は、周りの人と自分が同じレベルだと安心できます。周りから自分だけが浮いているとか、目立つような状況にあると精神的に落ちつかず、不安に駆られるのです。

他者と比較して自分も周りと同じだという「**社会的真実性**」が得られれば、安心して過ごすことができます。そのためつねに社会的比較をしているのです。

自分と最も近い
同期と比べることで、
自分の立ち位置を
知り、安心しようと
しているのです。

◆同期はいちばん比べやすい

社会的比較をするとき、人は自分とほぼ同じレベルの相手と比べます。これを「**類似志向の社会的比較**」と言います。自分より目上の上司や先輩とでは能力に差がありすぎて比較にならないからです。そこで、最も好ましい比較対象が同期入社の仲間です。自分と似たレベルなら極端に差がつく心配が少なく、それによって自

プラスα 他者だけでなく、こうありたいと願う「理想自己」と比べることもある。これにより、理想に近づくべく努力する人がいる一方、理想とかけ離れた自分から目をそらし、現実逃避に走る人もいる。

自信は他人との比較からも生まれる

心理学者のモースとガーゲンは、学生に自己評価のアンケートを課す実験を行いました。後半からは机の向かいにも参加者が現れ、この参加者がデキそうな人の場合は後半の自己評価が下がり、デキなさそうな人の場合は自己評価が上がりました。

尊心が傷つくリスクも少なくてすみます。安心感を得るには最適の比較対象なのです。

ただ、比較対象は自分の自信の度合いによって変わります。自信があるときや向上心が強いときは「**上方比較**」と言って自分より上の相手と比較し、逆に自信がないときには自尊心を守り、優越感や安心感を得るために自分より下の相手と比較する「**下方比較**」が多くなります。

知りたい! 「泣ける○○」を好む心理って？

無性に泣きたい気分のとき、あえて悲しい映画を観て大泣きしたらスッキリした経験はありませんか？これは「カタルシス作用」によるもの。意識的に泣く行為で精神バランスをとっているのです。

また、他人の不幸話を見聞きすることで、「自分は幸せだ」と感じる人も多いはず。これもまた、下方比較によって自分の立ち位置を確認し、精神的なバランスをとっているためです。

プラスα 成績優秀な人や飛び抜けた美人は実は不安を抱えている。周囲から浮いており、周りのサポートが得られず、自分の行動の目安になる相手がいないため、つねに強い不安にさらされている。

うまくつきあいたい同僚

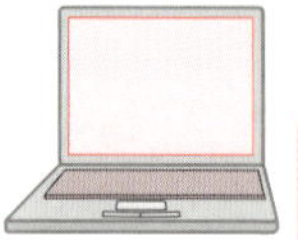

「ひとりめし」から抜けられない

◆同僚と距離を置く

ランチタイムには同僚とおしゃべりしながら食事をするという人が多いなか、いつもひとりの人がいます。「ひとりめし」とか「ぼっちめし」などと自虐的に語る人もいますが、こうした人の多くは職場でも必要最低限の受け答えだけで、あまり積極的に会話に参加しません。自分について語る「**自己開示**」が少なく、上司や先輩、同僚と打ち解けられないのです。

しかし、人には誰かといっしょにいたい、他人と仲良くなりたいという「**親和欲求**」があり、ひとりになるのを恐れる気持ちがあるものです。では、なぜ孤立してしまうのでしょう？

孤独だと思って
殻に閉じこもると、
周りの人も
近寄りがたくなって
しまいますよ。

◆自分や他人、社会に批判的

社会に心を閉ざし、自室にこもる「社会的ひきこもり」とは違いますが、職場や学校などで極端に他人との接触を避けるのも、心理的に「ひきこもり」の状態にあると言えます。

このように会社や学校で孤立するのは、他人とかかわることで自分が傷つくのを極端に恐れているからです。また、こうした人は自分に対しても、そして他人にも社会にも批判的です。

自分は誰からも受け入れてもらえないと否定的な考えがあり、それゆえに相手に与える印象も悪く、ますます誰も近寄らなくなって孤立を深めるというパターンが多く見られます。

プラスα 孤独の原因を、自分の性格が暗いからだとか、かっこ悪いからなどと自分のせいにする内的原因タイプの人は、抑うつ的になりやすいので要注意。深刻になるとうつ病など心の病気になることも。

孤独が孤独を呼ぶ悪循環

孤独な人の心理には特徴があり、これが他人とのかかわりを阻害しています。自分や他人、社会に批判的なため、周りも近寄りがたく、ますます孤立してしまうという、孤独のループにハマってしまうのです。

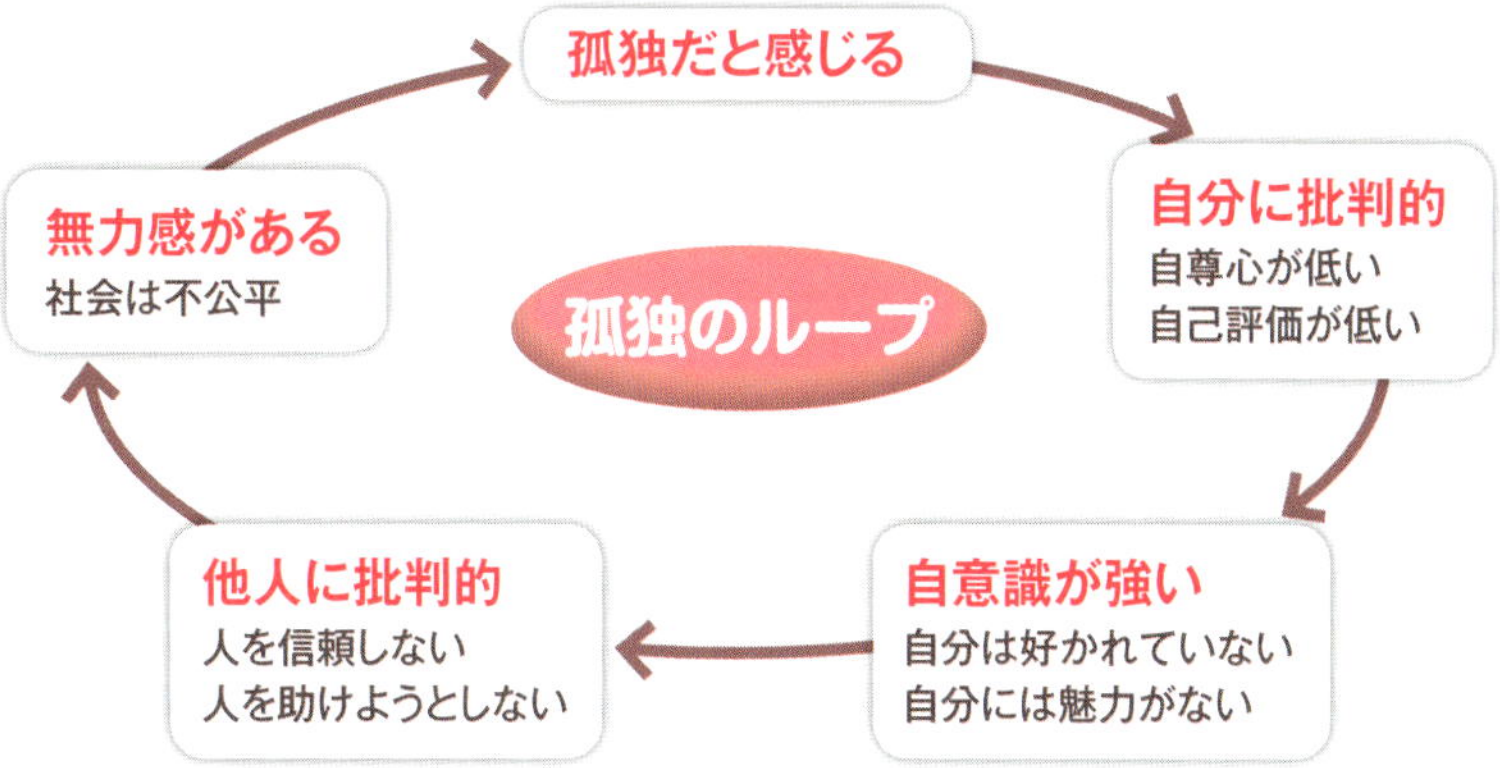

◆認められればやる気も出る

孤独感は孤立すればするほど強くなります。その悪循環を断ち切らないと、いつまでたっても上司や先輩、同僚からも声をかけてもらえず、仕事に対するやる気も失われてしまいます。人は、他人から認められて初めてやる気が出るのです。そのためには少しずつ自己開示をし、周囲の人との関係を築いていく以外にありません。

ミニコラム ひとりが好きな人の心理って？

近年の日本は核家族化が進み、ひとりっ子が増え、子どもの頃から個室が与えられて、自由気ままに過ごせます。その影響からか面倒な人間関係を築くより、ひとりでいるほうが気楽でいいと思う人が増えています。

また、人に嫌われたくなくて無理をして他人に合わせるタイプの人では、人づきあいが苦痛になって、その結果、ひとりを選ぶケースも多いようです。

アドバイス　孤立から抜け出すには、積極的な自己開示が必要。いきなり自分のことを話すのはハードルが高いので、まずは挨拶から始めるとよい。慣れてきたら世間話に加わってみよう。

うまくつきあいたい同僚

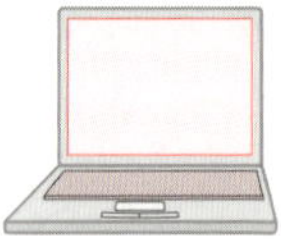

仕事上の貸し借りもコミュニケーション

◆「借り」はきちんと返したい

職場の同僚との人間関係を良好に保つには、互いに仕事上の貸し借りをするとうまくいきます。実験データでも、互いに頼み事をしたりされたりする関係のほうが、何も頼まない間柄より信頼関係が築かれることが明らかになっています。

人は、誰かに助けてもらったとき、その相手に「借り」をつくったような気分になります。すると、無意識のうちにその借りを返したくなります。これを「**心理的負債感**（ふさいかん）」と言います。

誰かを助けておけば、自分が助けてほしいとき、相手の心理的負債感を利用することで手伝ってもらえるように仕向けられます。

また、相手によっては前回自分が助けてもらったので、その「借り」を返すために自ら助けを申し出ることもあります。こうして互いに貸し借りをうまく使いながらコミュニケーションを図ったほうが、相手をよく知るチャンスとなるため信頼関係を築きやすくなるのです。

まったく頼み事をし合わない関係も寂しいもの。持ちつ持たれつで信頼関係が築けます。

◆機嫌がよいときは人を助けたくなる

アメリカの心理学者**カニンガム**が行った**援助行動**の実験があります。公衆電話で思いがけず10セントを見つけたとき、目の前で書類を落とした人を助けるかどうかを調べたのです。

すると、10セントを手に入れなかった人の援

プラスα 助けてもらった人が必ずしも「借り」に感じるとは限らない。上司や先輩が部下を助けても、部下は当然だと思うことが多い。また、あまりに恩着せがましくされると屈辱を感じる人もいる。

助行動が約40％だったのに対し、10セントを手に入れた場合は約70％もの人が援助行動をとったのです。つまり、人は何かラッキーなことがあったときには、困っている相手を助ける行動に出やすいことがわかりました。

さらに、同じく書類を拾ってもらうシチュエーションでカメラを使った実験を行い、罪悪感と援助行動についても調べてみました。すると、他人のカメラを壊して、気まずさを感じている人の約80％が援助行動をとっています。これは人助けすることで、罪悪感を軽減したいという意識の表れと考えられます。

頼み事はタイミングを見定めよう

頼み事は、相手が他人を助けたい気持ちになったり、依頼を引き受けやすくなっているタイミングを狙いましょう。

ご機嫌なとき

機嫌がいいときは、快感情が援助行動を促進するため、頼み事を引き受けてもらえる可能性が高い。

罪悪感を感じているとき

ミスなどで罪の意識がある人にも、頼み事を援助してもらえる。罪悪感を何かで補いたくなるため。

作業が片付いた直後

達成感や解放感からスッキリとしており、気持ちに余裕があるため頼みを聞き入れてもらいやすい。このとき、ほめると効果大。

プラスα 助けを求める側は、気楽に頼めそうな人に行きやすい。また、日本人は弱みにつけ込まれるような援助には反感を感じやすいため、助ける側は相手のメンツや自尊心を傷つけないことが大切。

うまくつきあいたい同僚

無茶な納期は友情が生まれるチャンス

◆苦労を共にして連帯感が生まれる

学生時代に部活動でいっしょに汗や涙を流した仲間とは、生涯の友だちになることが多いものです。先輩とのつきあいや厳しい練習など、強い**ストレス**がかかる体験を共有したことにより深い絆が生まれるからです。

同じようなことが社会人になってからもあります。会社勤めともなれば無茶な納期の仕事の担当になったり、なかには上司や先輩に恵まれず、理不尽な目に遭ったりする人もいるでしょう。こうした強いストレスを共有した同僚との間には連帯感が生まれ、とても仲良くなれるのです。

◆互いに自己評価を高め合う

納期の厳しい仕事をこなすため、連日残業や休日出勤が続いても、自分ひとりだとそのストレスを客観的に認識できません。しかし、自分以外に誰かがいると、「毎日たいへんだよね」とか「もう間に合わないかと思ったよ」といった会話から、それがどれほど強いストレスだったのかを客観的に把握することができます。

すると〝そんなたいへんな仕事を自分はがんばってやり遂げたぞ〟と認識でき、**自己評価**が高まります。その結果、自己評価を高めるのに役立った相手に好意を抱き、強い友情が生まれるのです。

つらい体験を共有すると、連帯感が生まれ、友情でも恋愛でも絆が深まります。

プラスα　つらい体験を共有した相手が異性の場合は、恋愛関係に発展するケースも多い。同様に、結婚に至るまでに障害が多かったカップルや、共に苦労を乗り越えたカップルは絆が深く、別れにくい。

共につらい仕事をやり遂げると仲良くなれる

人は、自分と同じストレスを共に経験した相手とは連帯感が生まれやすく、その相手に対する好感度も上がる傾向にあります。

苦労を共にする
連帯感
称え合い、自分のがんばりを確認できる
やっぱり自分はがんばったんだ
自己評価に役立ったので
好感度UP

番外編 単純作業は頭を使わないだけ楽?

頭をあまり使わないですむ単純作業は、一見楽に思えます。しかし、実際には「心的飽和（しんてきほうわ）」（P27参照）に陥り、長期間従事するのが困難になることがわかっています。心的飽和状態になると作業をする意味がわからなくなり、ミスが増え、最終的には嫌悪感から作業を続けることができなくなるのです。そこで、近年では作業の手順を増やし、複雑化させることによって心的飽和を防ぐ対策をとるケースが増えています。

プラスα ビスケットやチョコバー型の機能性食品を好む人は、どちらかというと無駄が嫌いで合理的な性格の持ち主。忙しいと食べながらでも仕事をするタイプで、基本的に食事にあまり興味がない。

状況に合ったリーダーのタイプがある

◉理想はバランスのとれたリーダー

職場でリーダーに抜擢（ばってき）されたとき、〝俺についてこい〟という強いタイプでいくか、〝みんな仲良くやろう〟という思いやりタイプでいくか迷うものですが、実は理想的なリーダー像とは状況によって変わるものです。

これを具体的に示したのが、社会心理学者の**三隅二不二**（みすみじゅうじ）が提唱した「**PM理論**」です。Pは目標達成機能（パフォーマンス機能）、Mは集団維持機能（メンテナンス機能）を意味し、この2つの機能の組み合わせによって集団の方向性とリーダーが決められるのです。

業績を上げたいとき

実践ポイント

集団を統率し目標を達成できるPM型リーダー

P機能、M機能が共に高く、最も強いリーダーシップを発揮する。積極的な行動を起こし、生産性を高めることができる。人間関係も良好に保てるため、メンバーの満足度ややる気も高い。

キーワード **pm型**　PM理論では大文字が強く、小文字が弱いという意味。pm型とはリーダーとしての指示もチームをまとめる行動もとらず、放任するタイプ。

ギクシャクしているとき

実践ポイント

集団をまとめられるpM型リーダー

P機能が低く、M機能が高い。仕事を進める力が弱く、生産性は低いが、人間関係を重視するため面倒見はよい。会社の業績がよく、人間関係がよくないときや、作業内容が決まっている場合に適している。

スピードが求められるとき

実践ポイント

的確に指示を出せるPm型リーダー

P機能は高いものの、M機能が低い。メンバーに厳しく、理解を示さないため、メンバーの満足度が低く不満が溜まりやすい一方で、リーダーは目標を達成するためには強力に働く。経営状態が悪い場合や、メンバーに意欲がない場合に適している。

キーワード **民主型リーダー** アメリカの心理学者クルト・レビンの分類によるリーダーのタイプの１つ。話し合いによる方針決定やリーダーの指導のバランスが適切で、部下の生産性と満足度が最も高い。

How to

ビジネスを操ろう！仕事で成功するテクニック

賛成意見の人を正面に座らせる

◉対立する人は正面に座りやすい

重要な会議でスムーズに議事を進行させたいなら、メンバーの席順にも気を配るべきです。人は、状況に応じて無意識に座る席を選ぶ傾向があり、どこの席に誰が座っているかによって進行や議事決定に影響するからです。

また、アメリカの心理学者**スティンザー**は、①対立する人は対面に座りたがる、②次の発言は前者への反対意見が多い、③リーダーが弱いと私語が多くなる、という「**スティンザーの3原則**」を提唱しています。これらは、会議のときにリーダーが注意すべき点だと述べています。

賛同を得たいとき

実践ポイント

味方を正面に座らせフォローしてもらおう

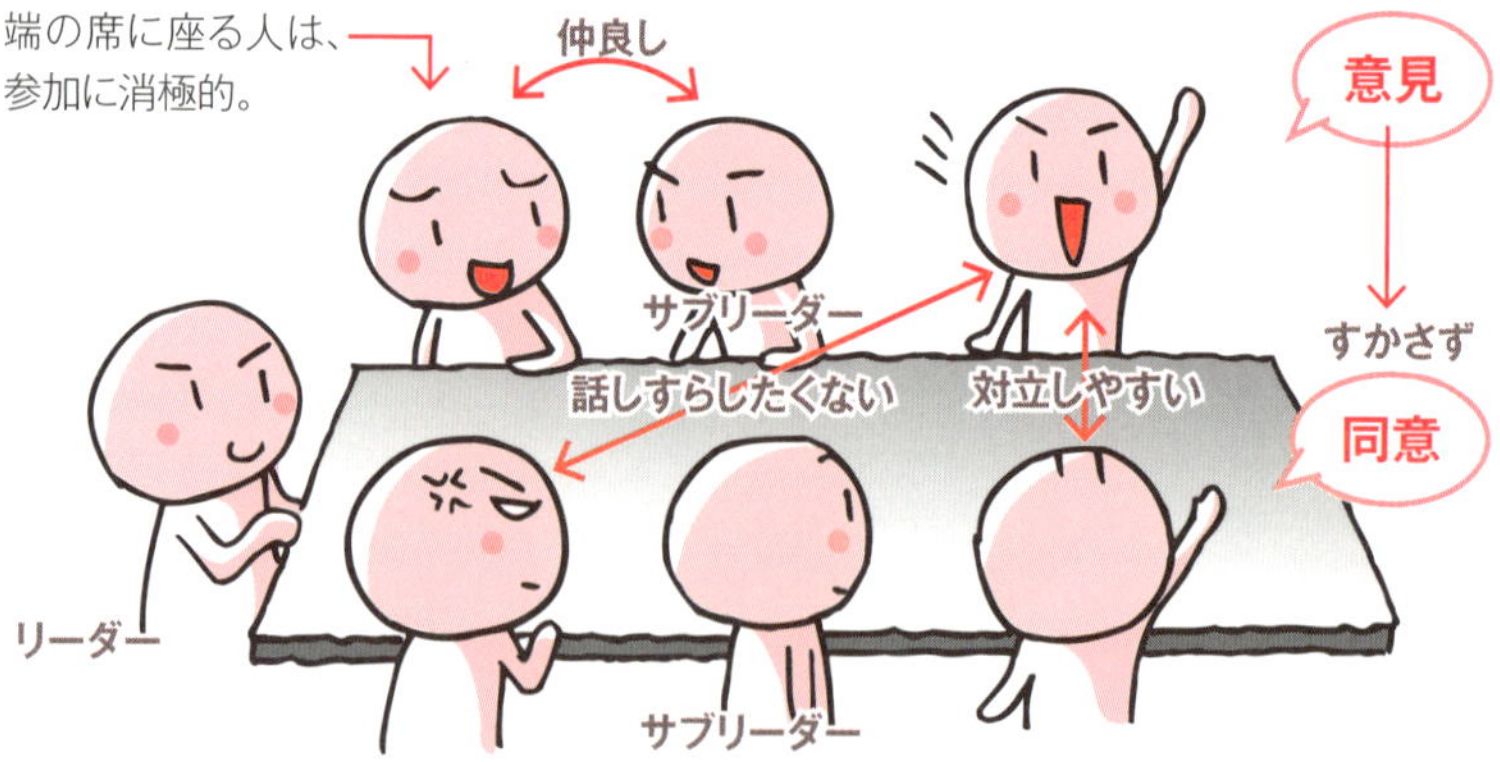

正面に座る人とは対立しやすいため、あえて自分の味方を正面に座らせると効果的です。発言直後は反対意見になりやすいため、自分の発言後にはすかさず味方に同意してもらえば、会議の賛同が得やすくなります。

アドバイス　人は仲間はずれを恐れる性質（同調傾向という）があるため、「ほかの人は賛成だったよ」などと多数派の意見であることを示せば、同意を得やすくなる。

リラックスして話したいとき

実践ポイント

テーブルや座り方を工夫しよう

相手とリラックスして話したい場合には、場所やテーブル、座る位置の選び方を工夫します。

直角の位置に座る

角を挟(はさ)んで座れば、心理的に程よい距離を保ちつつ、気軽に話しやすい。医師やカウンセラーはこの心理を活用することもある。

円形テーブルを使う

上座や下座がつくりにくいため、参加者全員が公平に意見を出しやすくなる。

仕切りのないスペースを使う

会議室に比べて相手との距離が近く、仕切りがない開放的な空間のため、リラックスして話すことができる。

応接間を使う

ソファーなどがあり、くつろいだ雰囲気で話すことができる。顔合わせなど、親睦を深める際に適している。

活発に議論したいとき

実践ポイント

狭めの部屋で赤を取り入れよう

狭い会議室にする

パーソナル・スペースの関係から、狭い部屋では議論が活発になりやすく、本音が出るようになる。

赤い色を使う

赤色には人を興奮させる効果があるため、会議室内に赤色を取り入れると話し合いが活発になる。

発言を増やすためには、平等感のある丸テーブルがおすすめです。色彩は赤色以外でも活用でき、リラックスするには緑色、能率を上げるには青色が効果的です。

プラスα 部屋の広さも会議に影響する。例えば、狭いと男性は攻撃的になりやすく、女性は親密になる傾向がある。また、議論を活発にさせたいなら狭く、形式的に終わらせたいなら広い会議室がよい。

How to

ビジネスを操ろう！仕事で成功するテクニック

優位に進めたい相談は食事をしながら

◉食事中は相手の意見を受け入れやすい

仕事の場面でも、個人的なつきあいでも、自分を優位に話を進めたいときは食事をしながらするのが最も効果的です。

この手法を「**ランチョン・テクニック**」と言います。アメリカの心理学者**ラズラン**の研究によるもので、食事中に呈示された内容は相手に好意的に受け取られやすいことがわかっています。食事中は注意散漫になって細かい指摘がされにくく、また、口にものが入った状態だと反論しにくいことも影響しています。ちょっと厳しい商談のときなどにぜひ活用したい方法です。

お店選び

実践ポイント

自分の行きつけのお店を選ぼう

ビジネスに接待はつきものですが、お店を選ぶときは、自分の行きつけのお店にするといいでしょう。自分の縄張りなのでリラックスでき、会話を有利に進めることができます。

●親しくなりたい

→ 照明が暗めのバー

●ビジネスの話をしたい

→ 格式ばったレストラン

●懐を開いて話したい

→ 畳の座敷

がおすすめ！

アドバイス 相手の気持ちをつかみ、会話をはずませるにはふだんより多くうなずいたり、相づちを打ったりすると効果的。うなずきや相づちがない場合に比べて約50%発言が多くなる。

タイミング

実践ポイント

「おいしい!」が聞こえたら話を切り出そう

食事をおいしいと感じたり、その場を楽しめているときは、「快体験」をしている状態なため、話を聞き入れてくれる可能性が高まります。「おいしい！」という一言が聞こえたときが、話を切り出すタイミングです。

おいしい！
チャンス
投資の
件ですが…

アドバイス 飲み会での行動を観察しよう

お酌（しゃく）して回る
冷静に周囲を観察する、警戒心の強いタイプ。気配り上手だが、実は計算高い一面もある。

絶対に利き手でグラスを持つ
何事も完璧主義で、出世欲が強いタイプ。攻撃的な一面ももっている。

グラスを持つとき小指が立つ
面倒見のいいタイプで、頼み事を断れない性格。自信過剰な傾向にある。

空のグラスを離さない
自己中心的な性格で、他人の手柄は自分のものに、自分のミスは他人に押しつけるガキ大将タイプ。

両手でグラスを持つ
雰囲気や自分の感覚をもとに、他人を判断するタイプ。惚れっぽいところも。

グイグイと飲み干す
コツコツと努力をするのは苦手で、物事を楽観視するタイプ。

プラスα お酒の飲み方には性格が表れる。はしご酒が多い人は寂しがり屋でマメな性格が多い。女性に囲まれてチヤホヤされて飲みたい人はお世辞が好きで、現実の恋愛より虚構を楽しむタイプ。

先手を打って有利に立とう

◉話の主導権を握ることができる

交渉事では〝先手必勝〟が断然有利です。相手の出方を見るべきだという人もいるでしょうが、実験でも先に自分の要求を呈示したほうが有利に事を運べることが明らかになっています。

交渉事は自分と相手の思惑に差があるから行うわけで、後れを取ると心理的に相手のペースにのまれ、折れざるを得なくなります。先に条件を呈示すれば、相手はそれを基準にしなければならず、主導権を握りやすくなるのです。

このほか、交渉やお願い事には「**ロー・ボール・テクニック**（左図参照）」も役立ちます。

交渉するときには

実践ポイント

先に自分の要求を基準値にしよう

50～
70万円で
抑えたい
少し低めに要求
40万円で
お願いしたい
後から
80万円とは
言いづらい
60万円
なら…
OK
先手を取る
譲ってもらった

交渉事では、先に出た要求を基準として交渉が行われるため、先に条件を提示した側に有利に進みます。たとえ結果が希望通りにならなくても、相手には「譲ってもらった」という印象が残ります。

プラスα　ボーナスの額を決定する実験でも先手必勝が証明されている。雇用される側が先に金額を提示するグループと、会社側が先に提示するグループで比較したところ、前者のほうが高額になった。

承諾を得たいときは

実践ポイント

先によい条件で承諾を得てから条件を上げよう

相手に受け入れられやすい依頼で承諾を得てから、条件を釣り上げる手法を、「ロー・ボール・テクニック」と言います。その条件が許容範囲であれば承諾を撤回しにくく、自分の決定に責任をもとうとする人間の心理を利用しています（下の実験参照）。

魅力的な条件を提示する

弊社のプランならたいへんお得です！
本当だ！じゃあ君のところにお願いするよ

条件を撤回、または上げる

ありがとうございますなお月々1000円の保険料がかかるのですが…どうなさいますか？
それでもお得だろうし仕方ないな（また考え直すのも面倒だし…）

実験 一度決めた決定は覆しにくい？

アメリカの心理学者チャルディーニが学生相手に行った実験です。学生に「早朝7時から実験に参加してほしい」とお願いした場合と、時間を告げずに「実験に参加してほしい」とお願いし、後で時間を知らせた場合の参加者数を比較しました。結果は後者のほうが多く、一度OKと返事をすると心理的に断りにくくなることがうかがえます。

アドバイス ロー・ボール・テクニックを成功させるには、意図的に後で都合の悪い条件を提示したと思われないようにすること。また、条件が悪質すぎると、詐欺だと訴えられかねないので注意する。

お願い事は段階を踏んで依頼する

◉２段階目で本来の頼み事をする

先手必勝は有効な手段ですが、それだけではうまくいかない場合もあります。特にこちら側から頼み事をするときは、断られないようにうまく話をもっていくテクニックが必要です。その際に役立つのが、**「フット・イン・ザ・ドア」**と**「ドア・イン・ザ・フェイス」**です。

フット・イン・ザ・ドアは段階的説得による依頼法で、ドア・イン・ザ・フェイスは譲歩的要請法という方法です。どちらも２つの手順を踏みながらお願いするのですが、ポイントは必ず２つ目に本題を持ってくることです。

フット・イン・ザ・ドア

実践ポイント

小さな依頼から始めよう

①小さな依頼をする
②大きな依頼をする
これ運ぶの手伝ってほしいんだけど
OK
次はこれもお願い
OK
さっきOKしちゃったしなぁ…

「フット・イン・ザ・ドア」は、相手が受け入れられる簡単な依頼をし、承諾を得てから、難易度の高い本来のお願いをする手法です。１度は受け入れたのに、2度目は断るのでは、態度を変えたようで不親切だと思う心理をついています。

プラスα　やさしくて友だちが多いタイプは人に嫌われたくないという心理が働き、セールスや勧誘などを断るのが苦手なことが多い。いわゆる"いい人"はつけ込まれやすいので注意が必要。

ドア・イン・ザ・フェイス

実践ポイント

大きな依頼をして一度断られよう

「ドア・イン・ザ・フェイス」では、相手に難易度の高すぎる依頼をして断らせ、受け入れられやすい本来の依頼をします。一度断った罪悪感を補おうとする心理や、「相手が譲歩したのだから自分もしなければ」と思う心理を利用しています。

①大きな依頼をする
今月の土日は休日出勤してくれないか？
ムリそうなお願いをする
すみませんが…さすがにムリです
一度断らせるのがポイント
②小さな依頼をする
明日1日だけならどうかな？
本来のお願い
それなら大丈夫です
さっき断っちゃったしな

アドバイス 初めから二択でお願いしよう

お願い事には「ダブルバインド」という方法もあります。2つの選択肢を用意して、どちらかを選ばせるのです。例えば、意中の人を食事に誘いたいとき、単に「食事に行きませんか？」ではなく、「今度、お寿司かイタリアンのどちらかごいっしょしませんか？」と誘うと、相手はどちらかを選択しなければならないので、OKの返事がもらいやすくなります。

プラスα フット・イン・ザ・ドアやドア・イン・ザ・フェイスは、セールスマンがよく使う手法なので覚えておくと便利。セールスや勧誘につけ込まれないように対処できるようになる。

なかなか抜け出せないスランプ

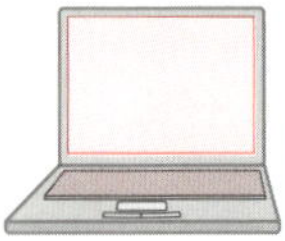

他者の評価が自分の評価になっている

◆周りからの評価が気になってしまう

勤務先での自分の評価が気になるのは当たり前のことです。他人が自分をどう思っているのかを知りたいのは、人が「**社会的動物**」だからです。人類は長い歴史において集団をつくり生き抜いてきました。そこからつまはじきにされると生き残るのが困難になります。そのため、周囲の人に認められたい、必要とされたいという心理が強く働くようになったのです。

また、人は自己評価よりも他者評価が高いほうがよりうれしく感じます。それが上司であればなおさらです。上司は職務上の権限をもち、昇給や昇格に影響力があります。そのため、上司に認められることは実利を伴うだけでなく、自尊心を大いに満たすことになるからです。このことが、仕事への**モチベーション**を高める原動力になることもよくあります。

ちなみに、上司が目の前にいるときだけ熱心に仕事をするふりをして、留守になったとたんにサボる人がいますが、これもまた他人の評価を気にしているがゆえの行動なのです。

人からの評価
ばかり気にするのは、
低い自己評価を
上げようとしている
からです。

◆自己評価が低い分周りに評価されたい

他人の評価を気にするのは当然とはいえ、あまりにも周囲の目を気にしすぎる自分に嫌気がさすという人もいるでしょう。

こうした人は、自己評価が低すぎる傾向があ

キーワード **観衆効果**　アスリートや芸術家が周りの目を意識することで、パフォーマンスが高まること。また、自分ひとりだと仕事や勉強をサボるのに、人目がある場所では集中できるのもこのため。

同僚よりも上司から高く評価されたい

同じ他者評価でも、同僚から評価されるより、地位や権力、影響力をもつ上司から評価されたほうが、自己評価が高くなります。「雀の千声鶴の一声」と言うように、同僚からの千声（評価）より、上司からの一声（評価）のほうが重要なのです。

ります。本来、自尊心を守るには自己評価を高く保つ必要があります。しかし、極端に自己評価が低い人は無意識のうちにその分を他者からの評価で埋め合わせようとしているのです。

自己評価を高めたいがために他者評価を得ようと躍起になる背景には、強い**コンプレックス**を抱えている場合が少なくありません。それを乗り越え、自己評価を保てるようになれば他人の目ばかり気にする自分を変えられます。

ミニコラム 自分の評価がわかるエゴサーチ

エゴサーチ*をする心理もまた、他人の評価が気になるがゆえです。ふだんの自分の姿が、他人の評価と一致しているのかを確認したいからで、これを「自己確証欲求」と言います。

ただ、エゴサーチをするのは自分のことが大好きな人。鏡を見るのと同様に、大好きな自分の姿を確認したいのです。自己評価が低い人はわざわざ自分のことを調べたりはしません。

*エゴサーチ　インターネットの検索エンジンなどを使って自分に関する書き込みや情報を調べること。自分についての周囲の評価を確認するのが目的。ストーカー対策として行われることもある。

なかなか抜け出せないスランプ

「ダメな自分」しか見えてこない

◆チャレンジする気が起こらない

仕事を始めたばかりの頃は「がんばるぞ！」とやる気に満ちあふれていたのに、いつの間にか無気力状態に陥ることがあります。

原因は、努力が報われない状況が続くことです。がんばって仕事に励んでも昇給も昇格もない、上司から評価が得られない状態が長く続くと、「自分は何をやってもダメだ」と思うようになります。こうした状態を「**学習性無力感**」と言います。

これを証明したのが、心理学者の**セリグマン**が行った犬を使った実験です。２匹の犬に電気ショックを与え、片方にはボタンを押して電気ショックから逃れる方法を学習させ、もう片方には電気ショックから逃れられないことを学習させます。その後、電気ショックがある部屋とない部屋へ通じる箱に2匹を移したところ、回避法を学んだ犬はすぐに安全な部屋に移動しましたが、回避法を知らない犬は電気ショックのある部屋から移動しようとしませんでした。

つまり、何をやってもダメだとすり込まれ、挑戦する意欲が失われてしまったのです。

ダメな自分から
抜け出してやる気を
出すには、自ら目標を
立て、達成しようと
することが大切。

◆モチベーションを上げるには

仕事へのやる気、**モチベーション***を高め、維持させるには動機づけが必要です。

動機づけには、「**外発的動機づけ**」と「**内発的**

*モチベーション　動機づけのこと。行動を起こすきっかけとなるもので、ある目的を達成するための行動を継続させる要因。昇給や昇格などの報酬のほか、自分自身の興味や満足感、達成感などがある。

動機づけ」の2種類があります。

外発的動機づけとは、外部からの指示や命令、報酬(ほうしゅう)や懲罰(ちょうばつ)などです。要はアメとムチです。ただし、やる気を出させるために昇給やボーナスをアップするやり方は、逆効果になることもあります。せっかくやりがいを感じて働いていたのに、報酬のために働かされていると受け取られると、やる気が失われる恐れがあるのです。

一方、内発的動機づけは自分から進んで目標を立て、達成感や満足感を得ようとするものです。仕事にやりがいを感じ、自分なりの楽しみとなるため長続きします。

特に、目標を公言した場合はやる気がグンと増します（左図参照）。

やる気を出すための2つのコツ

仕事にやる気を出すには、行動の指針となる目標を立てることが重要です。目標の立て方と示し方にもコツがあります。

達成できる確率が50%の目標を立てる

今月の目標
目指せ
契約数15件!

目標は高すぎても低すぎても、立てた意味がなくなるため、達成できるかどうかが半々の確率の、努力次第で達成できる少し上の目標にする。

目標をみんなの前で宣言する

おお
おおお

自ら立てた目標を人の前で公言する「パブリック・コミットメント」（P 88 参照）を行うと、目標の達成へやる気が高まる。

プラスα 成功の確率が低すぎたり、逆に簡単すぎたりするとやる気が出ない。子どもに好きな位置から輪投げをさせる実験を行ったところ、適度なむずかしさがあるほうが最もやる気が高まった。

なかなか抜け出せないスランプ

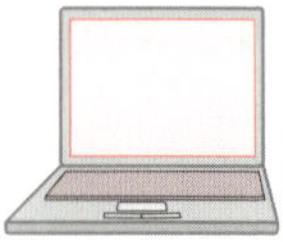

ほめられるほど失敗しそうな気がする

◆失敗体験が心から離れない

仕事でミスをして得意先に叱られたり、そのせいで上司や先輩からも厳しく叱責されたりすると誰でも落ち込みます。しかし、ほとんどの人は気分転換を図り、自分で気持ちを切り替えることができます。また、時間の経過に伴って自然に乗り越えられることも多いものです。

ところが、なかには失敗をいつまでも引きずり、自己嫌悪に陥って、その失敗となった事柄に取り組むのを避けてしまう人がいます。失敗した体験が頭にこびりついて、**トラウマ**のようになってしまい、また失敗したらどうしようと思うと怖くて何もできなくなってしまうのです。

◆負のスパイラルから抜け出せない

失敗した体験をいつまでも引きずっていると、また何かミスをしたときに、「やっぱり自分はダメ人間だ」とか「何をやってもうまくいかない」と自分を否定し、「きっとまた失敗する」と思い込むようになります。このような悪循環の状態を〝**負のスパイラル**〟と言います。

こうなるととことんネガティブになって、**自己肯定感**が著しく低下します。ますます自信を失い、新しいことに挑戦するのはおろか、あらゆることに無気力になります。それによってさらにミスが度重なると、スランプから抜け出せないまま仕事を辞めてしまう人もいます。

負のスパイラルに陥っている人は、まずはほめ言葉を素直に受け入れましょう。

プラスα 自己肯定感は主に乳幼児期に形成される。親や保護者にありのままの自分を受け入れてもらうことで育まれる。この時期に自己肯定感が形成されないと自信がなく、自己評価も低くなりやすい。

失敗を成功の母にするには？

「思考中断法」ともいい、ストルツ*が考案した。失敗を思い出して落ち込んだときに「ストップ！」と声に出す。

問題点について4ステップに沿って考え、解決策を実行することで、困難を乗り越える。これもストルツが考案。

◆まずは自分を肯定しよう

負のスパイラルから抜け出すには、自己肯定感を自力で高めていくことが必要です。そのためには3つの方法があります。

1つ目は、ほめられ上手になること。自己肯定感の低い人は、ほめられても謙遜（けんそん）したり、否定したりしがちです。それをやめて素直に受け入れるようにしましょう。

2つ目は、自分で自分をほめること。誰もほめてくれる人がいなければ、「今日はよくがんばった」と自分で自分をほめればいいのです。すると、意外に元気が出てくるものです。

3つ目は、自分自身を好きになること。自己肯定感の低い人は、幼少期にした経験の影響で自分を嫌いなまま大人になっているケースが多く見られます。今からでも自分で自分を好きになることで、どんな自分でも受け入れられるようになり、自信へとつながります。

＊ストルツ　ポーツ・G・ストルツ。アメリカの心理学者で組織的コミュニケーションが専門。『すべてが最悪の状況に思えるときの心理学』という著書で、ピンチに対処する方法としてLEAD法を提唱。

なかなか抜け出せないスランプ

可能性を捨てきれずに転職を繰り返す

◆青い鳥症候群ともいう

最近話題になるのが、若者の離職率の高さです。あれほど就活で苦労してようやく就いた仕事にもかかわらず、わずか1～2年、早ければ数か月で辞めてしまう若者が非常に多いのです。

理由はさまざまあるのでしょうが、〝予想と違った〟とか〝もっと自分に合う仕事がしたい〟など、まさに「**青い鳥症候群**」とも思われる人もしばしば見られます。青い鳥症候群とは、簡単に言えば大人になりきれない状態のこと。青い鳥＝見果てぬ夢を追い続けることを言います。

理想の自分と現実の姿にギャップを感じ、別の場所や仕事を求めて転職を繰り返すのですが、それではいつまでも自立できません。

仕事や習い事を短期間で変える人は、社会や集団への帰属意識が薄い傾向にあります。

◆習い事は転職の準備

青い鳥症候群の人には、やたらと習い事に精を出す人もいます。英会話などの語学や各種の資格試験などスキルアップに役立ちそうなものから、楽器やカメラ、料理といったさまざまなジャンルの習い事に手を出します。一見、向上心の表れのように思えますが、実は今の自分が本当の自分の姿ではないと思っているからです。

つまり、まだ自分の可能性を捨てきれずにいるため、多種類の習い事をしながら〝自分探し〟をしているのです。要は転職の準備で、なかなか1か所に落ち着きません。

キーワード　荷下ろし症候群　多種類の資格取得や趣味に手を出すと、それ自体が目的となってしまう。目標を達成したとしても、その後にやる気を失い、無気力になること。青い鳥症候群の人に多い。

友人は集まると転職を応援する

転職するかどうかを友人に相談すると、1対1では冷静で慎重な考えに落ちつきますが、友人が複数になるとリスクの高い考えを勧めます。これには、集団になると過激な意見が優勢になる「リスキー・シフト」という集団心理が影響しています。

1人に相談する
数人に相談する
自分のことじゃ
ないし…
続けてみてわかる
こともあるんじゃない？
リスキーになる
やってみなよ！ 人生
どうにでもなるよ！

いつまでも子どもでいたい!?

ニート*といえば10～20代の若い世代が中心でしたが、現在では40～50代のニートも増えています。ニートになりやすいのが、青い鳥症候群や「**ピーターパン・シンドローム**」の人です。

ピーターパン・シンドロームとは、社会的な自立を拒んで、子どものままでいたいと思う心理状態です。青い鳥症候群と同じく、困難に立ち向かうのを回避する未熟さが根底にあります。

ミニコラム　日曜の夜は気分が落ち込む

日曜の夜になると気分が落ち込む状態を「サザエさん症候群」と言います。サザエさんは日曜の夕方6時30分から放映されるため、土日休みの社会人や学生にとってこの時間帯は楽しい休日の終わりを実感させます。そして、1週間が始まることを考えると憂うつな気分になる人が多いことから、こう名づけられたのです。

*ニート　仕事に就いておらず、教育や就労訓練も受けていない状態。非行やひきこもりが原因になるほか、就労への不安から立ちすくんだままの人、離職を繰り返したことが原因の人もいる。

COLUMN+

机の上の散らかりは頭のなかの散らかり

オフィスにおける自分の机は、パーソナル・スペースとしての役割があり、他人には侵入されたくないもの。自分好みにアレンジできる部分でもあるため、机の上から心理がわかります。

写真タイプ、資料山積みタイプは要注意?

机の上が汚いタイプは頭のなかも混乱していることが多く、仕事の段取りが悪くミスも多くなりがち。ただ、このタイプには研究肌で完璧主義の人も。完璧に整頓できないからそのままにしておこうと考えているのです。

机の上に家族や友人との写真を飾る人は、自己顕示欲が強いタイプだと言われます。

また、使わない資料や本を山積みにするのは、自己愛が強く、嘘つきに多いとされます。

机の上に私物が多い人は、縄張りとしての意味合いが強く、他人を拒否しています。

流行のフリーアドレスは一長一短がある

最近増加傾向のフリーアドレス。無線LANやスマホ、ノートPCなどを活用し、好きな場所で仕事ができます。多くの人と接触できるため、コミュニケーションが円滑になります。

一方、自分の固定席がないためパーソナル・スペースが保てない、人目が気になって落ちつかないといったデメリットも。

第4章

実は買わされている!?

消費者行動の心理

心をくすぐる仕掛けがいっぱい

お次の2名様
どうぞー
きたー!
特製天丼で
ハイ!
う~ん 迷うなぁ…
最初に見たのも気になるし…
ランチメニュー
▶P152
ヤバイ! 早くしないと休憩時間も終わっちゃうしどうしよう
えっと
えっと
ほ、本日のおすすめで!!
かしこまりましたー ご一緒にみそ汁は?
▶P154,172
これはうまい!
…なぜカレー?
みそ汁ついてるし…
欲しくさせる仕掛けに踊らされているかも!?

財布の紐が緩むとき

徹夜して並んででも新しいスマホが欲しい

◆モノよりも名誉のため

最近、スマホの新機種が発売されると、徹夜で並ぶ人々の様子がニュースで取り上げられます。こうした現象は人気のゲームソフトや限定グッズなどでもしばしば見られます。いち早く手に入れたい気持ちは理解できるのですが、何がそれほどまでに熱狂させるのでしょう?

もちろん商品に魅力があり、売り切れてしまうのが心配だとか、ずっと待ちわびていたという理由もあるのでしょう。しかし、徹夜してでも手に入れたい理由の多くは実は「**優越感**」を満たしたいからなのです。誰よりも早く手に入れ、「新機種ゲット」などとSNSに投稿したり、友だちに自慢したりして「すごいね!」と羨ましがられたい気持ちがあるのです。

さらに、行列にいちばん乗りした人はマスコミなどで取り上げられることもあり、優越感に加えて「**名誉欲**」も満たされます。

こうした傾向は、女性より男性に多く見られます。男性ホルモンによって競争心があおられやすいことが関係しています。

近年では行列するのもイベントの1つ。なぜ人だかりや行列に参加したくなるのでしょう?

◆皆がしているなら、参加しないと損?

行列や人だかりを見ると「何があるのだろう?」と足を止める人も多いはずです。そこには、他人と同じことをしようとする「**同調心理**(行動)」が働いています。人は社会的動物であ

＊社会的リアリティ　明確な物理的判断基準がない場合、集団の多数意見や集団行動を正しいと判断すること。実際には正しくないことでも、社会的な判断を正しいと信じてしまう。

行列があるとつい並んでしまう

アメリカの心理学者ミルグラムは、サクラの効果を調べる実験を行いました。サクラが1人のときは42%、2〜3人では約60%、5人では86%の通行人がつられました。

るため、本能的に他人がやっているのと同じことをしようとするのです。同調心理は「社会的リアリティ*」があると起こりやすくなります。これほど人が並ぶならきっと得をするに違いないと思い、自分もあやかろうとするからです。

さらに、人は孤立することや孤独を恐れます。自分ひとりが取り残されないように、大勢が参加していることに自分も加わりたい、仲間になりたいという気持ちから行列に並ぶのです。

ミニコラム 割り込みを注意できるのは真後ろの人だけ?

行列をつくって順番待ちをしているとき、割り込みをされると並んでいる人たちは当然不愉快になりますが、注意する人は多くありません。心理学者のマンとテイラーが行った調査でも、割り込みに行動や言葉で拒絶を示したのは全体の約30%でした。しかも拒絶行動をとったのは真後ろの人が約60%で、列の後ろにいくと、約25%、約5%と、急激に減ることがわかりました。

プラスα いわゆる行列ができる有名店を頻繁にチェックし、実際に足を運ぶ人は行動力があるが、批判能力も高い。ブランド信仰が強い傾向もある。

財布の紐（ひも）が緩（ゆる）むとき

購入するのは最初か最後に見たもの

◆見た順番が記憶に影響する

ショッピングのとき、たくさんの商品を手に取って見比べても、実はほとんどの人が最初、または最後に見た商品を選びます。その理由は、「**系列位置効果**」にあります。

人の記憶力は、端と端、最初と最後など区切りがよい部分はよく覚えているのですが、その間の部分は記憶に残りにくく、ぼんやりとした印象になります。そのため、たくさんの商品を見比べても印象に残りやすいのは、最初と最後に見たものなのです。コンビニやスーパーなどでは、特に売り込みたい商品を系列位置効果を考慮して陳列棚に配置しています。

◆区切りのあるところは覚えやすい

人の記憶力は、区切りがよい部分ほど強く印象に残ります。特に、最初に見たものは覚えやすくなります。これを「**初頭（しょとう）効果**」と言い、対人関係においてはとても重要です（P52参照）。

一方、最後に見たものが強く印象に残ることを「**終末効果**」、または「**親近効果**」と言います。この終末効果を利用すると、商品を選ばせたり、合コンなどで相手に選ばれやすくさせたりすることができます。人の視線は左から右へと移動するのが自然なので、最も右側に位置すれば最後に相手の目に映ります。これによって相手に選ばれやすくなるのです。

迷ったあげく、
最初の直感に
従った経験は
ありませんか?

アドバイス　勉強で重要なものを暗記するときは、記憶の系列位置効果を利用し、勉強の最初か最後に覚えるようにすると効果的。

最良の商品はどれ？

ウィルソンとニスベットは、まったく同じストッキングを1m間隔で4か所に展示し、参加者にそのなかからよいと思われるものを選ばせ、選んだ理由を聞く実験を行いました。

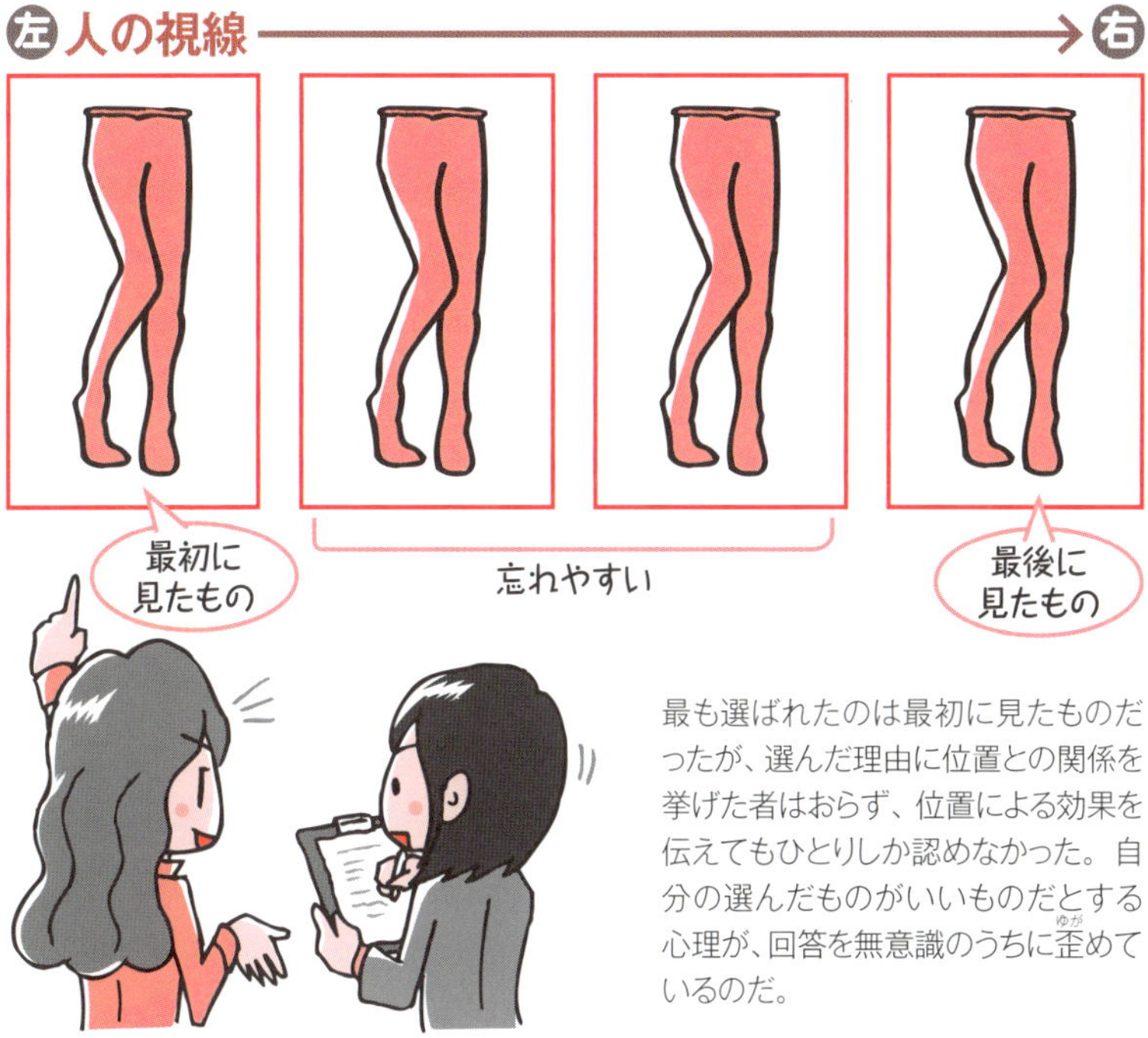

最も選ばれたのは最初に見たものだったが、選んだ理由に位置との関係を挙げた者はおらず、位置による効果を伝えてもひとりしか認めなかった。自分の選んだものがいいものだとする心理が、回答を無意識のうちに歪(ゆが)めているのだ。

実験

選択肢が多いと満足度は低くなる？

ジャムの試食コーナーで、6種類と24種類を並べた場合の集客率と購入割合、さらに満足度を調べました。すると、6種類より24種類並べたほうが集客率は高いものの、購入割合は6種類が約30%だったのに対し、24種類のときはわずか3%でした。しかも、購入後の満足度も6種類のときのほうが高かったのです。つまり、人は多くの選択肢を求めるものですが、実際に選ぶ際には選択肢が多すぎないほうがよいのです。

キーワード **真ん中効果** 比較対象が少ない場合は、人は無意識のうちに真ん中を選びやすくなる。また、値段で比較するときもいちばん安い値段より中間の値段が選ばれやすい。

財布の紐(ひも)が緩(ゆる)むとき

心の葛藤から「本日のおすすめ」に逃げる

◆心のなかはいっぱいいっぱい

ランチタイムのレストランで、同僚がさっさとメニューを決めていくのに、迷ってなかなか決められないときがあります。

優柔不断になるのには、ちゃんと理由があります。**どちらも自分にとって魅力的な選択肢であるため、「心的飽和(しんてきほうわ)」（P27参照）に陥(おちい)り、なかなか決められなくなる**のです。こうした状態を「**葛藤**(かっとう)*（コンフリクト）」と言います。葛藤が生じるのは、選択肢が複数あるにもかかわらず、実際には1つしか選べないからです。「こっちもいいけど、あれも捨てがたい」と揺れ動き、なかなか決断できないのです。

◆本日のおすすめは魅力的に見える

あれこれ迷った結果、候補外のメニューを選ぶのにも理由があります。要は、葛藤状態から抜け出すための苦し紛(まぎ)れの打開策なのです。

さらに、それが店のおすすめなどと表示してあると、より魅力的に見えます。**店のおすすめなら仮にまずくても自分の責任ではないから**です。そのため、迷っているときに「こちらが本日のおすすめですよ」などと言われると、「じゃあ、それで」と頼んでしまうのです。

優柔不断でたびたびこうした状況に陥る人は、ふだんから自分なりのルールを決めておくとよいでしょう。

お店からの
「おすすめ」は、
迷ったときの助け舟と
言えそうですね。

*葛藤　選択肢のうち、どれを選べばよいのか迷う状態。決断の内容が就職や進学、結婚など、人生に大きくかかわることだと精神的に非常に苦しく、感情的になりやすい。これをコンフリクト反応という。

ショッピングは葛藤との戦い

買うべきか
買わざるべきか
悩むのに疲れると…
後で後悔するくらいなら買ってしまえ!

優柔不断な人は買い物に行くと、葛藤から逃れるために必要のないものまで買ってしまうことがある。

買うか買わないか迷う

多くの物から何を選ぶか迷う

質をとるか値段をとるか迷う

ミニコラム メニューの選び方からわかる性格

メニューをなかなか決められない優柔不断な人がいる一方で、真っ先に決める人がいます。この人は、まさに決断力のあるリーダータイプ。迷いが少なく、自己主張もできるのですが、やや頑固な面も。一方、ほかの人の注文を聞き、同じものを注文する人は決断力があまりありませんが、協調性や柔軟性に富みます。空気を読み、人間関係を大事にするタイプです。

アドバイス 優柔不断な人はショッピングで買いすぎたり、的外れな選択をしたりして失敗することも多い。迷ったらやめるとか、信頼できる人に相談するなど、事前にルールを決めておくと安心。

ブランド品を持つことで自分に箔づけしたい

◆社会的価値を高めようとする

男女を問わずブランド品が好きな人は多いものですが、これほどまでにブランド品が好まれるのは、それが憧れやリッチさの象徴だからです。ブランド品を所有することによって、自分の社会的価値を高めることができるからです。つまり、優越感にひたりたいのです。これを「**グローリ・バス効果**」と言います。

グローリ・バス効果は日本語では「**栄光浴**」と言い、自分以外の人や物の栄光にあやかろうとする心理です。ブランド品以外にも有名人と知り合いだと自慢することなどにもグローリ・バス効果があります。

また、ブランド品を購入する際にショップでは丁寧に応対されるため、いわゆる「お姫様気分」や「王様気分」を味わえます。これが自尊心を大きくくすぐることも影響しています。

◆ブランド選びで個性を表現

人々がブランド品を好むのは、憧れやリッチさの象徴であるだけでなく、そこに商品の価値を超えた「付加価値」があるからです。

そもそもブランド品は商品そのものが上質であり、一流品と判断されます。デザインやコンセプト、使用する原材料、品質管理などに独自のこだわりがあります。それがブランドの特色となります。これを「**一次的価値**」と言います。

ブランド品を好む人は、ブランドの力で自分をよりよく見せようとしているのかもしれません。

キーワード　プライベートブランド（PB）　大手スーパーなどが独自に開発・販売するブランド。かつては激安がウリだったが、現在では独自の付加価値を伴う高額商品も増え、人気商品となっているものも。

例えば、「○○のバッグはメンテナンスが素晴らしいから一生モノ」だとか、「△△は全部オーガニックで安心」といったことです。

さらに、ここに「**二次的価値**」が加わります。つまり、そのブランド品を選ぶことによって「一流品しか使わない自分」を周囲にアピールできるのです。こうした付加価値があるからこそ、人々はブランド品に惹かれるのです。

ブランド好きの人は、いわゆる「限定品」にも弱い傾向がありますが、これも「ここでしか買えない」とか「持っている人が少ない」という付加価値があるからです。

特定のブランドを買い続ける

特定のブランドを買い続けるのは、そのブランドに品質保証や独自性などの付加価値があり、ブランドを選ぶことが自己表現にもなるからです。

品質がよい
ほかのブランドとは違う
私といえばこのブランド
私の使っているものがいちばん
私バッグは○○って決めてるんだよね

番外編 安いと勘違いする分割払い

分割払いで金利や手数料がつく場合、冷静に判断すれば一括払いのほうが安いことはよくわかっています。しかし、分割払いの金額を見ると、つい「安い！」と感じます。その理由は、一括払いだと買い物をする喜びより、支払いによる出費の痛手を強く感じるからです。さらに、金利や手数料を考慮する客観的思考が一時的に鈍くなることも影響します。その結果、分割払いを安く感じてしまうのです。

プラスα 人は、自分の愛用品や所有物は、ほかのものよりすぐれていると思いやすい。そのため、オークションなどに出品する際は高めの値段をつけ、自分の予想より安く評価されると反発する傾向がある。

財布の紐（ひも）が緩（ゆる）むとき

流行は「差別化」と「おそろい」から生まれる

◆仲間はずれになりたくない

最近では情報スピードが速く、あるモノが流行する兆し（きざし）が見えたとたん、一気に火がついてブームになります。そうなると、人は乗り遅れまいとして一斉に流行に走ります。このように流行に敏感に反応して、その流れに乗ろうとするのは「**同調行動***（心理）」が働くからです。

なかには単なるミーハーな人もいますが、たいていは学校や職場などで話題になったとき、「みんなと同じでいたい」「仲間はずれにされたくない」と思っているからなのです。

特に若い世代では、「遅れている」と思われるのを恥ずかしいと思う風潮が強く、友だちより早く流行を察知して、流れに乗ろうとします。その一方で、流行のモノを嫌がる人もいます。このタイプは自分が新しいモノを発見したいからで、人より優位に立ちたい気持ちが強い人に多く見られます。

流行は、「人と同じがイヤ」な人と、「人と同じがよい」人によってつくり出されています。

◆流行の始まりは少数の変わり者

そもそも流行りモノが生まれるきっかけは、ほかの人と同じは嫌だとか、既存のモノと差別化を図りたい人がいるからです。これを〝**イノベーター***（変革者）〟と言います（左図参照）。

こうして生まれた新しいモノはある人には反発されますが、それを受け入れて賛同する人たち＝**初期採用者**もいます。いわゆる〝やり手〟

*同調行動　人は同調心理が働くと、仮にそれが間違った行動でも周りの人と同じ行動をとることで安心する。逆に言うと、正しい行動でも周囲と違う場合はできないこともある。

差別化を図ったはずが流行に

一部の人が個性的なモノを取り入れ、しだいに多くの人が同調していくことで流行が起こります。

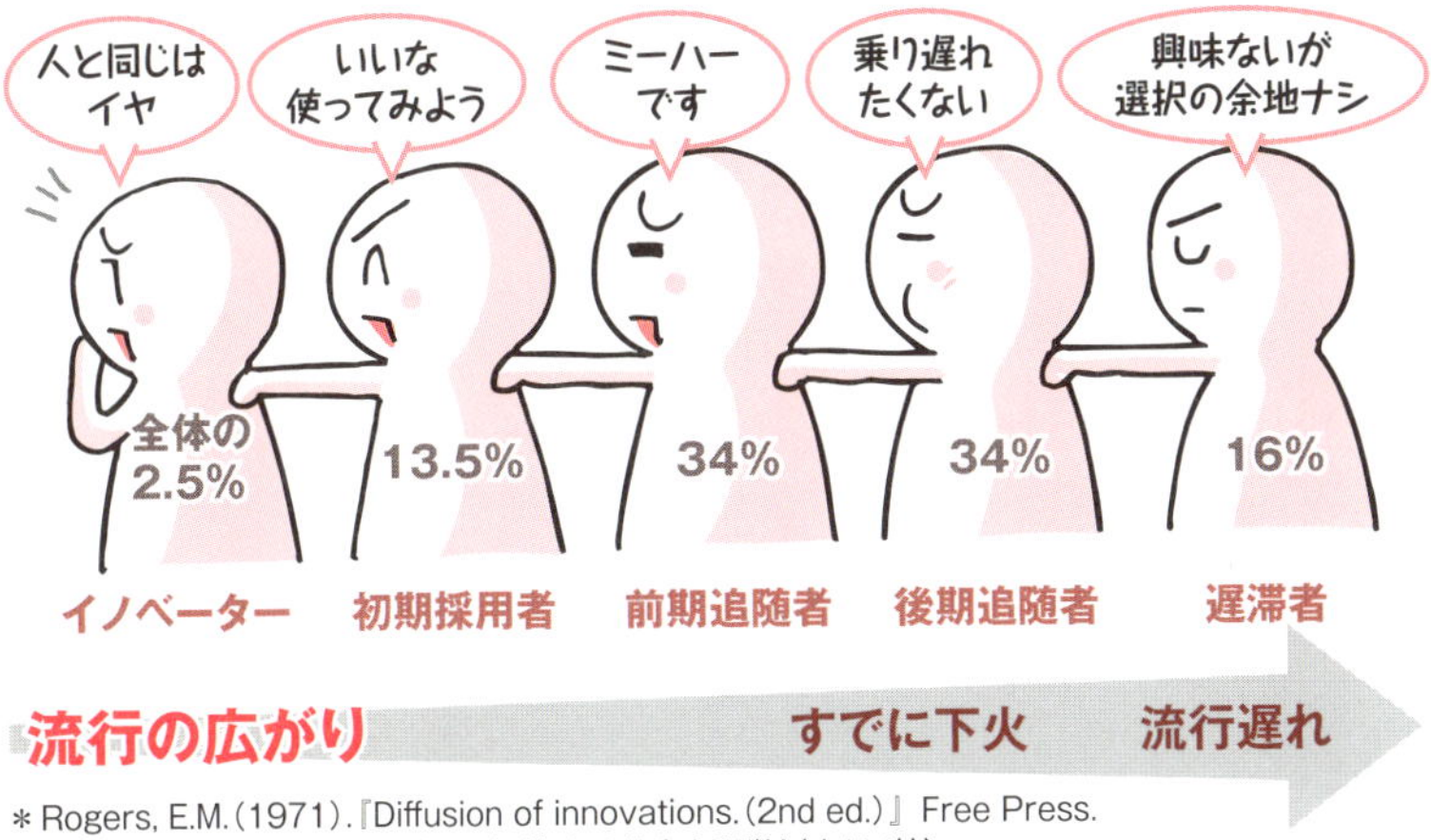

＊Rogers, E.M.(1971).『Diffusion of innovations.(2nd ed.)』Free Press.
及び小口孝司監修『史上最強図解　よくわかる社会心理学』(ナツメ社)

の人たちです。すると、この様子に賛同するミーハーな人たちが徐々に増えてきます。

最初は、「何これ？」と言われていたものが、口コミやメディアによってしだいに大勢の人が知ることになると、大量の**後期追随者**が発生します。これによってブームとなると爆発的に商品が売れたり、流行語になったりします。

そして流行が終焉(しゅうえん)を迎えると、乗り遅れた人だけが残ることになります。

知りたい! 「遅れているね」と言われて腹が立つ心理って?

人は、もともと自分が他人よりすぐれていたいという「優越欲求」があります。そのため、少しでも早く流行を察知することで、優越感を満たそうとします。つまり、「遅れている」と言われるのは、人より劣っていると言われるのと同じことになります。特に現代社会ではスピードが速い＝有能ととらえられ、遅い＝無能と認識されやすいため、腹が立つのです。

＊イノベーター　変革者という意味。ここでは流行の発信源となる存在。なお、イノベーションとは既存のものにない、個性的なモノや考え方を示す。

コンビニは消費者を誘導する仕掛けの宝庫

◆明るくて人がいるところは安心する

店内が暗く、誰もお客さんがいない店に入るのは勇気がいります。営業中だとわかっていても、あまり積極的に入りたいとは思いません。このように、人は暗い場所には恐怖を感じるので近づくことをためらいます。コンビニはこれと真逆の戦略をとっているのです。

コンビニは深夜でもまぶしいくらいに灯りがともり、それだけで人は安心します。さらに、入口の雑誌スタンドに立ち読みしている人の姿が見えれば、よりリラックスできます。自分以外にも仲間がいることで、「**親和欲求**」や「**集団欲求**」を満たされるからです。

◆人は反時計回りに動きやすい

コンビニでは、客が左回りに移動しながら買い物するように商品棚をレイアウトしてあります。その理由は、右利きの人は左手にかごを持つので、右手で商品を手に取りやすいようにするためです。さらに、順番もほぼ決まっており、雑誌スタンド、ドリンク類、デザート、パン類、お弁当やおにぎり、そしてレジへと進むようになっています。レジ近くに気になるお菓子が置いてあるのもちゃんと計算ずみです。

また、棚の端は〝**エンド**〟と呼ばれ、ここは人の印象に残りやすいため（P152参照）、特に売れ筋を置くのが定石（じょうせき）です。

コンビニについ立ち寄ってしまうのは、人の心理を利用した仕掛けがあるからなのです。

キーワード **人間左回りの法則**　人は反時計回り、つまり左回りのほうがスムーズに動きやすい。競技場のトラック、野球のベース、スケートリンクなどもすべて左回りになっている。

コンビニは消費者の動きを決めている

至る所にあるコンビニでも、消費者の動きを誘導するために、どこも似たようなつくりになっています。

明るい照明
店内の照明を明るくし、夜でも外から目立つようにしている。明るいところに集まろうとする心理から、客引きの効果がある。

雑誌棚は入口付近に
立ち読み客を外から確認できるようにしている。立ち読み客がサクラの役割をし、人が店内に入りやすくなる。

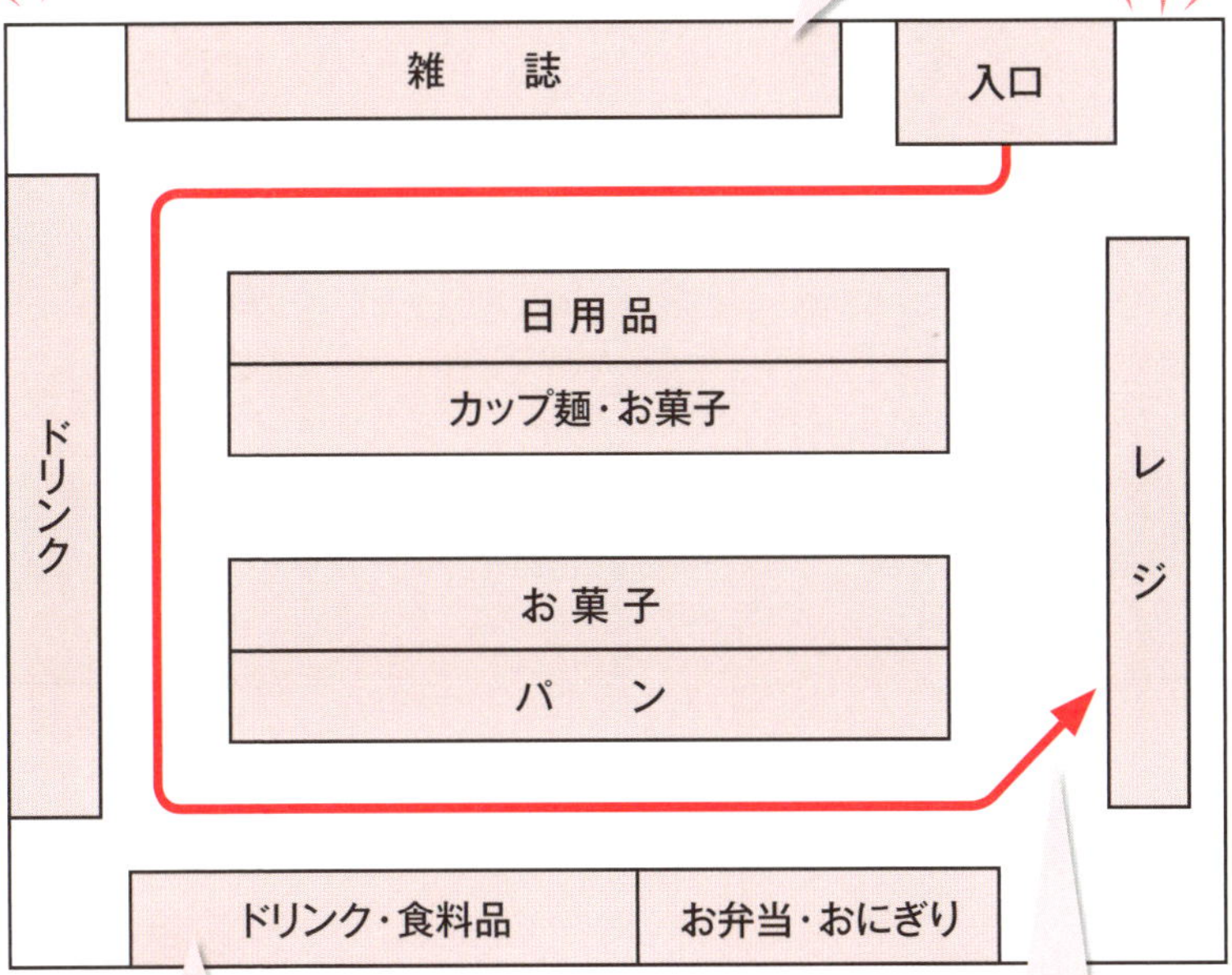

売れ筋商品は棚の端に
棚の端にある商品は人の記憶に残りやすいため、よく売れる商品や、売りたい商品が置かれることが多い。

動線に合わせた店内配置
1歩でも多く歩かせて売り上げを上げるため、よく売れる商品を店の奥に陳列したり、反時計回りに誘導できるよう配置している。

プラスα　人は左回りのほうが違和感なくスムーズに動けるため、右回りになっていると違和感や気持ち悪さを感じやすい。お化け屋敷やミステリーツアーなどはわざと右回りにしている場合もある。

男性の好きそうな商品のそばに美女を置く

◆車の傍らにはいつも美女

モーターショーや車の展示会、レース会場、車のマスコミ発表会などでは〝車と美女〟の組み合わせがよく見られます。注目を集め、華やかさを演出する目的もありますが、それだけではありません。

車と美女は、どちらも多くの男性が魅力を感じる要素であり、この2つを組み合わせることで男性の購買意欲をくすぐる仕掛けになっているのです。

◆連れが美女の男性は評価アップ

男性が美女を好きなのは、まさに本能によるものです。そもそも男性は**競争心**が強く、友だちも含めたほかの男性よりも優位に立ちたいと強く思っています。それを可能にする1つの手段が、美人の恋人をもつことです。

心理学の実験では、美人の恋人がいる男性は人から知性や能力があると高く評価をされることが明らかになっています。

つまり、「あんな美人の彼女を連れて歩いているのは、きっとすごいヤツに違いない」と思うのです。別の調査でも、奥さんが美人の男性は自宅に友人を招く回数が多いという結果があります。つまり、仲間に美人の奥さんを自慢することで、優越感にひたるのです。

レースクイーンや、カー雑誌の表紙を飾る女性には、車をよりよく見せる効果があります。

プラスα 女性がいわゆるイケメンといっしょにいても女性への評価には影響しない。女性は女性自身の美しさが評価の対象となると考えられている。

美女がいっしょなら人も車も魅力的

美女といっしょにいると、「ハロー効果」によっていっしょにいる男性が高く評価されます。車も、美女と車それぞれに対する気持ちの高揚が結びつき、よりよく見えます。

男性の評価が上がる

商品がより魅力的に見える

◆商品への気持ちだと錯覚する

〝車と美女〟の組み合わせが男性の購買意欲をくすぐるのは「**連合の原理**」が働くからです。男性の車に対するイメージと美女に対するイメージが互いに結びつき、錯覚を起こさせることで商品価値が高まるのです。つまり、車の横に美女がいるとその車がより魅力的に見え、手に入れたいと思わせることができるのです。

　ほかにも男性向けのプロモーションとして効果的なのが、「**プロ仕様**」や「**レアアイテム**」「**ヴィンテージ**」という要素です。

　プロ仕様は専門性の高さ＝プロと同一化したい心理を満たすし、レアアイテムを所有することは優越感を満足させます。また、ヴィンテージというフレーズは知識の多さや蘊蓄（うんちく）を語りたがる男性にはたまりません。これらはいずれも競争心の強い男性の購買欲を刺激し、効果的なマーケティング戦略となります。

プラスα　実験では、美人はそうでない人よりも能力が高いと評価されることがわかっている。ハロー効果によるもので、外見の美しさによってその人の能力や人間性も高く評価されやすくなるため。

マーケティングを活かした「売る」仕掛け

価格設定で高級感やお得感をつくり出す

◆価格が高ければ品質もよい？

モノを見る目をやしなうのは簡単ではありません。よほどの目利き(めき)でないかぎり、自分の判断に自信が持てるものではありません。

そんなとき、人があてにするのが「**社会的リアリティ**」です。周りの人の判断、つまり社会的に認められている尺度を判断基準にするのです。社会的リアリティが深層心理にあると、無意識のうちに「安いものは品質が悪く、高価なものは高品質である」と判断します。「**判断のヒューリスティック**」が働き、いわゆる直感的な判断をするようになるのです。

利き酒による実験でも判断のヒューリスティックが見られました。6種類の値段の異なるビールを利き酒してもらったところ、高い値段がついているビールを高品質と感じる人が多いという結果が出ています。

街で見かける
198円や980円など
の半端な値段が、
実は売るための
テクニックです。

◆「98」は魔法の数字

スーパーなどでは末尾が「98」となっている価格表示をよく見かけます。このようにあえて端数にすると、値段を引き下げているように思えるためお得感や割安感が増すからです。

100や200などの「00」というキリのよい価格より、端数(はすう)にしたほうが安く感じるというのは万国共通で、アメリカでは「99」、イギリスでは「95」という端数がよく用いられています。

＊レスイズベター効果　同じカテゴリー内で相対的に評価できる環境を整えれば、客観的な価値にかかわらず、物の価値が主観的により高く見える効果のこと。

物の価値が変わる「レスイズベター効果」

シカゴ大学のシーは、質は同じで量の異なるアイスクリームを異なる人に提示し、価格を聞く実験を行った結果、客観的価値の低いアイスクリームのほうが、主観的には価値が高いと判断されました。これを「レスイズベター効果*」と言います。

心理学者の**シンドラー**と**バリアン**は、価格表記の末尾が「99」「88」「00」の3つの商品カタログを用意し、売り上げを調べる実験を行いました。すると、アメリカの定番である「99」という価格表記のカタログの売り上げが最も高く、本来なら最も売り上げが少ないはずの「88」と、最も売り上げが高いはずの「00」表示のカタログでは、売り上げがほぼ同じだったのです。

このように、国によってお得に感じる数字は違えど、端数価格には同様の効果があるのです。

ミニコラム 中間の価格は選びやすい

レストランのコースで値段の高い順にAとBという2つのコースがある場合は、値段の安いBがよく選ばれます。しかし、Aより高いSコースを増やし、3つの中から選ばせると、最も多かったのは真ん中のAでした。これは「コントラスト効果」によるもので、より値段の高いSが加わったため、中間のAを選びやすくなったのです。

プラスα 商品を値引きしても、安くなる=欠陥があると思われ、売れ残ってしまうことがある。そこで、再びもとの値段に値上げしたら売れたという話がある。これも社会的リアリティが働いたため。

見られないからこそ見たくなる「鶴の恩返し効果」

◆「禁」にはつい反発したくなる

禁じられたものや見てはならないと言われるほど、人は猛烈に見たくなります。これを「**心理的リアクタンス**」と言います。

なぜ、このようにあまのじゃく的な反応をするかというと、人は誰でも自分のことは自分で決めたいと思っているからです。

にもかかわらず、他人からダメだと言われたり、禁じられたりすると自分を否定されたと感じます。そこで、強い反発が生じて禁を破る行動に出るというわけです。

心理的リアクタンスの典型的な例として「**カリギュラ効果**」があります。アメリカで制作された『カリギュラ』という映画が、残虐シーンや性的描写が多いためボストンで上映禁止となりました。すると、多くの市民に心理的リアクタンスが起こりました。

その結果、映画館には上映を求める人々が殺到し、上映解禁になると一気に大ヒットとなりました。一度禁止されたことで、かえって人々の関心を集める結果になったのです。

「ルールは破るためにある」とはよく言ったもの。人は制限されるほどに反発したくなります。

◆するもしないも自分で決めたい

先ほども述べたように、反対されたり禁止されたりしたことに限ってやりたくなるのは、自分の行動は自分で決めたいからです。人は皆、自分の行動の意思決定権は自分にあると思って

キーワード　ブーメラン効果　ブーメランは投げた人の手元に戻ってくる。これと同じように、強制したり強く反対したりすると、さらに強い反発となって自分に戻ってくること。

います。ですから、人から押しつけられることに反発し、抵抗するのです。

子どもの頃、親に「早く宿題をやりなさい」と言われて、今やろうと思っていたのにと反発して、やる気がなくなった経験がある人も多いでしょう。同じように、他人に強制されたり禁じられたりすると、自分の自由が脅かされる気がして反発が生じ、頑なに反抗することがあります。これを「**ブーメラン効果**」と言います。強硬に反対されると、さらに反発を強めるのです。「あれほど言ったのに、言うことを聞かない」というのはブーメラン効果によるものです。

制限されるほど興味がわく

会員登録をしないと見られない

ページを見るのに会員登録や「いいね！」を押す必要があると、その先が気になって仕方なくなる。

いつも完売している

品切れ中

見かけるたびに品切れしていると、どんな商品か気になるうえ、手に入らないからこそ欲しくなる。

年齢制限がある

R18

18禁などの年齢制限や、遊園地での身長制限は、自分ではどうしようもないだけに、余計に魅力を感じる。

袋とじになっている

なかが見えないと、どうにかして見てみたいという気持ちになる。TVや画像のモザイクでも同じ。

実験

禁止されるとかえって気になる?

子どもたちに与えるおもちゃのうち、1つだけ触ってはいけないものを決めます。しばらくの間、ほかのおもちゃで遊ばせた後、禁止を解除。すると、禁止されていたおもちゃに人気が集中します。さらに数日後、いちばん好きなおもちゃを選ばせたところ、その禁止されていたおもちゃが選ばれました。つまり、禁止されたことで強い興味がわいたのです。

プラスα 昔話の「鶴の恩返し」も心理的リアクタンスの典型例。決して部屋をのぞいてはいけないと言われたため、かえって好奇心がくすぐられて男は部屋をのぞいてしまったのである。

「欲しい」をかきたてる宣伝文句

「○○なあなた」と呼びかける広告

◆ピンポイントに呼びかけると気づく

テレビでは毎日大量のＣＭが流れ、あの手この手で消費者に訴えかけてきます。なかでも最近多いのが、「ダイエット中のあなた」とか「お肌の乾燥が気になる女性に」といったピンポイントに呼びかける広告です。なぜか、このタイプの広告は耳につくと思いませんか？

その理由は、「**カクテルパーティー効果**」によるものです。脳には自分に必要な情報をピックアップする働きがあり、無意識のときでも自分が気にしていることに反応します。これは人混みやざわついた場所でも自分の名前を呼ばれたとき、ちゃんと聞こえるのと同じしくみです。

◆貼られたラベル通りに行動する

人は**ラベリング**されると、それにふさわしい行動をとります。ラベリングとは、その人のイメージのことです。例えば、日頃からまじめだと言われる人は、まじめな行動をとります。

これと同じく、「本物志向の人」とか「違いがわかる上級者向け」というラベリングを使うと、人は高額な商品でも買ってしまう傾向があるのです。つまり、その商品を買うことで自分を本物志向の人間だとアピールしたいからです。

人は、優越感や特別感がある商品をすすめられると、プライドがくすぐられて購入してしまいます。

街中やテレビ、
ネットなどで見聞きする
宣伝文句には、
さまざまな心理的
効果があります。

プラスα 宣伝広告に芸能人やセレブを起用するのは、「同一視」による効果を期待するため。その商品を使用することで、憧れの芸能人と同じようにかっこよく、きれいになれると思わせる効果がある。

よく目にするフレーズが心をつかむ

広告は宣伝文句のオンパレードです。たとえ使い古されたフレーズでも、使われるだけの効果があります。

同一視
プロや専門家と同じものを使うことで、彼らを自分と重ね合わせ、自分にも同じことができると考える。

ハロー効果
有名人が愛用しているなら、商品の価値も高いだろうと思う(P170参照)。

レアもの感
誰でも手に入れられるわけではないと、手に入れて優越感を得たくなる。カリギュラ効果も働いている(P84、166参照)。

ラベリング

バンドワゴン効果
派手なアピールをされ、多くの人が支持していると知ると、価値を高く感じるうえ、その価値を理解できる自分にも酔う。

カクテルパーティー効果

カリギュラ効果
年齢制限がかかると、観られる人も観られない人も内容が気になってしまう(P166参照)。

キーワード バンドワゴン 笛や太鼓などの楽器を演奏しながら練り歩く車のこと。大音響で派手な演奏を聴くと気分が高揚するように、拍手や大声援を送って盛り上げることをバンドワゴン効果という。

「欲しい」をかきたてる宣伝文句

「続きはWebで」で惹(ひ)きつけるテレビCM

◆未完了のものは記憶に残りやすい

テレビCMのなかに、「続きはWebで」「○○で検索」というタイプのものがあります。

このCMではキャッチーな映像を見せつつ、気になったらネット検索してくださいとしています。誰でも簡単にネット検索ができる環境になったことが背景にありますが、実は「**ツァイガルニク効果**」を利用しています。

人は、言いかけてやめるとか、未完了のままになっていると続きが気になります。その未完了の部分を補いたいと思うため、ネット検索します。そして、ネットで商品説明を見ているうちに欲しくなってくるのです。

「続きはWebで」という手法は、「**フット・イン・ザ・ドア**（段階的要請法）」（P136参照）の条件も満たしています。ネット検索をした人は、すでに「Webで調べてね」というお願いを聞き入れています。人は、願い事を1つ承諾すると、次の願い事も承諾しやすくなります。そのため、商品を買う可能性が高くなるのです。

◆CM女王を起用して売り上げアップ

「女優の○○さんは今年のCM女王」という記事を目にしたことがある人も多いでしょう。このように大ブレイクした女優やアイドルには、何社ものCMオファーが殺到します。

なぜ業種や商品が違うのに、同じ人をCMタ

テレビや映画の
予告映像も、いい
ところで切れてしまう
からこそ、続きが
気になるのです。

プラスα 「続きは Web で」というテレビ CM は一時非常に多かったが、最近は減少傾向にある。理由は、スマホやタブレットの普及によって、テレビよりもネットの影響力が大きくなってきたため。

CMで気になったら、まず調べる？

インターネットの普及に伴い、CMなどの広告で気になる商品を見つけても、ネットで調べたり人から話を聞くなどして、調べてから買うのが主流になっている。

商品情報や比較サイトを調べる

口コミで情報を共有する

今や情報収集に口コミは欠かせず、影響力も大きい。口コミには「ウィンザー効果」（P 111 参照）も働くため、信憑性が高く感じられる。

商品の情報収集を積極的に行い、ネットで共有している人を「マーケットメイブン（市場の達人）」という。

レントに起用するのか不思議に思うかもしれませんが、理由はそのタレントの「**ハロー効果**」を期待しているからです。ハロー効果とは、人気のあるタレントがCMに登場すると、その商品価値も高く評価されやすくなることです。そのため、人気タレントはCMに引っ張りダコになるのです。また、「セレブの○○さんも愛用」「□□大学博士推薦」など、有名人の肩書きや権威による箔（はく）づけもハロー効果の一種です。

ミニコラム

人気タレントは大きく見える？

人気俳優や政治家などテレビや雑誌でしか見たことがない人に実際に会ったとき、「思ったより小柄な人だった」と感じることがあります。これは「社会的知覚*」によるもので、人は地位が高い人や人気俳優など、自分の憧れの相手にはその気持ちが投影されるため、「大きな人」というイメージを抱きます。そのため、実際に見ると小柄だったという印象を抱くのです。

*社会的知覚　社会的地位が高い人は実際より高身長に見られやすいだけでなく、逆も成り立つ。身長が高い人ほど高い評価を得やすく、それが賃金にも影響することがわかっている。

「欲しい」をかきたてる宣伝文句

購入を決めるとほかの商品もおすすめする販売員

◆試食したら「買わなくちゃ」と思う

スーパーやデパ地下などで「どうぞ、食べてみてください」と試食をすすめられることがよくあります。そして、試食をするとなぜか多くの人が〝買わなくちゃ〟という気持ちになって商品を購入してしまいます。

これは「**好意の返報性**」を利用したセールステクニックです。人は、誰かに親切にされたり好意を示されたりすると、その気持ちに応えようとします。つまり、試食させてもらったから、そのお礼として購入する気になったのです。

女性の場合、化粧品を購入するときにも経験があるはずです。いつも試供品をたくさんもらっているショップで買うのはこのためです。

そのほか、通販やテレビショッピングで用いられている「**ザッツ・ノット・オール**（特典付加法）」も購買意欲をそそる手法です。

◆決断した後は無防備

買い物をした後も油断は禁物です。特に、金額が大きい買い物の後は、「**テンション・リダクション**」に注意が必要です。

高額の買い物をするとき、たいていは予算を立てて、事前にあれこれ下調べをします。そして、店に出向き、購入を決断します。「これをください」と告げたとたん、ホッとして緊張が緩んでしまうのです。

レジ横のお菓子を
つい買ってしまう
のも、買い物を終えて
気が緩んでいる
からなのです。

プラスα 意思決定を左右する要因を調べる実験を行ったところ、トイレを我慢しているときには自分に有利な決定をすることがわかった。トイレを我慢しているときは衝動買いをしにくいようだ。

その隙をついてセールスされると、ついつい余分な商品を買ってしまうことがあるのです。例えば、「こちらのカシミアのマフラーを合わせるのが人気のスタイルですよ」とか「ピアスとネックレスのセット使いがおすすめです」と言われると、うっかり買ってしまうのです。これがテンション・リダクションです。

余計な買い物をしないためには、「家に帰るまでが遠足」と同じだと考えましょう。**イベントや大きな決断の後には油断が生じやすい**ことを覚えておき、さらに気を引き締めるのが無駄な買い物を避けるコツです。

販売員のすすめ方は2タイプ

販売員のセールストークには、伝える内容によって2つのタイプがあります。相手を説得したい場面でも活用できます。

乗り気な人
面倒くさがりな人に

メリットのみを伝える
一面提示

都合のいい情報のみを伝えるため、説得力はあるものの、詐欺（さぎ）だとクレームをつけられる危険性も。

知識のある人
否定的な人に

メリットもデメリットも伝える
両面提示

形は少し悪いですが、その分安く、産地直送のおいしいみかんです!
オトク! 甘い みかん
みかん

いい面も悪い面も伝えるため、信頼され、トラブルにもなりにくいが、その分説得力は弱くなる。

キーワード ザッツ・ノット・オール　いわゆる“おまけ商法”のこと。「今買うと、これとこれがおまけでついてきます」というように特典を増やして購買意欲を高めること。人はおまけに弱いので効果がある。

ネット通販には心理学的な仕掛けが多い

パソコンやスマホで簡単に買い物できるネット通販は、レビューのチェックや、商品や値段の比較ができるため、上手に活用すれば節約もでき、いい買い物ができます。また、ちょっとした空き時間にも買い物できる便利さもあります。

しかし、だからこそ実際にお店で買い物する以上に余分な買い物には注意が必要です。

ネット通販は買うことが前提なので散財しやすい

お店で買い物するには、そのために時間を空けて、出かける必要があります。しかし、ネット通販はいつでもどこでもできます。そのため、ホームページを開いたら、買うかどうかではなく、最初から何を買うかという心理状態になり、すぐに購買行動に移りやすいのです。

数量表示や「限定品」などの表示につられる

人は「残りわずか」「数量限定」という表示に弱いもの。こうした広告表示が多い通販では、つい欲しくなってしまいます。

また、ネット通販ではある商品を購入すると、それを購入した人がいっしょに買った商品を表示するしくみもあります。セット購入割引があるなど、「買わなきゃ損だ」と思わせる工夫も多く、結局予算オーバーすることがあるので要注意なのです。

第5章

恋をゲット！

行動で操れる あの人の心

気になる人の気持ちが知りたい！

大学時代の友人と居酒屋で女子会
最近恋愛してる？
気になる人はいるけど…
私は2次元でいいや
▶P198
いい感じだと思うんだけど相手の気持ちがわからなくて…
え、何？
そんなときこそ行動心理学の出番ですよ！
スス―
こんばんは
誰!?
先生！
あなたといるとき1人称を使ったり姿勢が崩れているなら脈アリです！
オレさー
オレってさー
ほー
ん??
チカッチカッ
そーなの
▶P184

フッ
わーっ停電!?
どうしたんだろう
ドキドキ
ドキドキ
不安だねぇ
ドキ
▶P190
パッ
あ
ついたー
すみません
ブレーカーがおちちゃいました
いやぁさっきはドキドキしたねー
…ってあれ?
さっきより食べる量が減っている…もしかして…
女性は好意の分だけ食べられなくなる
▶P182
恋愛感情は勘違いしやすい

言動から読み解く脈アリのサイン

好きな人には目力でアプローチ

◆よく目が合うのは好きだから?

友だちグループや社内の同僚などで、なぜかよく目が合う人がいませんか? あるいは無意識のうちに誰かを目で追っていませんか? こうした行動は相手に好意を持っている証拠です。

人は、好意を抱いている相手と**アイコンタクト**をとったり、視線を送ったりする習性があります。特に物理的に距離が離れると言葉でコミュニケーションがとりづらいため、さらに見つめる時間が長くなります。もし、離れた相手に好意を示したいなら視線を送りましょう。何度か目が合えば、相手もこちらを意識します。

ところで、離れているときはじっと見つめているのに、いざ目の前にすると目をそらしてしまうことがあります。相手のことを好きだと意識しすぎているせいですが、かえって気持ちがバレることも多いのです。

好きな人を目で
追ってしまうのは、
無意識のうちに
好意を伝えようとして
いるからです。

◆見つめることには意味がある

相手と目を合わせる、見つめるという行為は、その人と人間関係を始めたいというサインです。ふだん誰かと接するとき、相手に視線を送るのは1回当たり3秒ほどと言われます。それ以上、長く目を合わせ、視線を送るのは好意や敵意など、何らかの意図があるときです。

心理学者の**キンブル**と**オルスゼウスキー**は実験参加者にある台本を読み上げさせ、それを撮

プラスα アイコンタクトは外向的な性格の人ほど多い。逆に、自分に自信がない人や神経症傾向の強い人はアイコンタクトが少なく、他人と目を合わせるのを怖がることも多い。

男性は勘違いしやすい

女性に比べて男性は、長いアイコンタクトに弱く、視線を好意と勘違いしやすい傾向があります。

すごい寝グセ…
もしかして俺に気があるのかな…
ん

たとえチラ見でも、男性を勘違いさせてしまう可能性がある。相手に好意がない場合はほどほどに。

影する実験を行いました。セリフには好意、怒り、どちらでもない中間的な感情という3つのパターンがあります。さらに、セリフを読む実験参加者を〝感情を込めるグループ〟と〝感情を込めないグループ〟に分けました。すると、感情を込めるグループはどのパターンのセリフでもビデオカメラを見つめる時間が長かったのです。

このことから、**長い時間視線を送る行為には、それだけ強い感情が込められていると言えます。**

ミニコラム 人の目が気になる高校生

高校生くらいの若い世代は、大人よりもずっと他人の目を気にしているという実験結果があります。アーガイルとウィリアムが行った実験で、高校生と成人男女を比較した結果、高校生のほうが人目を意識しており、特に目上の人から見られていると強く意識していることがわかりました。若い世代に自意識過剰や対人恐怖、視線恐怖*が多いのは、人目を意識しすぎることが影響しています。

*視線恐怖　対人恐怖の一種。人に見られると、自分の内面まで見透かされるようで恐怖を感じること。また、自分の視線が他人を不快にさせ、嫌われると思い込む「自己視線恐怖」もある。

言動から読み解く脈アリのサイン

距離をつめれば心の距離も近くなる

◆体の周りは自分の空間

動物番組を見ていると、よくテリトリーの話が出てきます。動物や昆虫などの場合、自分の縄張りに侵入してくるものを排除しようと攻撃する行動が顕著に見られるからですが、実は人間にも縄張りがあります。これを「**パーソナル（ヒューマン）・スペース**」と呼びます。

左図にあるように、自分を中心にして遠くから「**公的ゾーン**」「**社会的ゾーン**」「**対人的ゾーン**」「**親密ゾーン**」の4つに分けられています。人にも動物と同じくパーソナル・スペースを守る習性があり、このルールに従って接することが暗黙のルールになっています。

人には他人に入られたくない空間があり、その広さは相手との心の距離に比例します。

◆近づいても引かなければ脈アリ

自分から最も近い親密ゾーンに入ることが許されているのは、親子や恋人といったごく身近な親しい人だけです。このゾーンにそれ以外の人が侵入すると、たいてい警戒されます。

これを逆手にとって意中の相手が自分をどう思っているのか確かめる方法があります。あえて相手の親密ゾーンに踏み込んでみるのです。もし、相手が引いて距離をとろうとすれば脈なしですが、相手が引かないときは脈アリと判断してもよいでしょう。あるいは、相手がしきりに自分の親密ゾーンに入ってくるときは好意を抱かれているのかもしれません。

プラスα パーソナル・スペースには男女差がある。女性より男性のほうが広く、女性は適切なスペースだと思っていても男性には親密ゾーンに当たる場合がある。互いに勘違いしやすいので要注意。

近づける距離は親密度によって決まる

親密ゾーン
互いに触れ合える距離。入れるのは家族や親友、恋人など、心を許した人のみ。
対人的ゾーン
手を伸ばせば触れられる距離。友人や親しい同僚が入れる範囲。
0.6m
1.2m
3.3m
社会的ゾーン
知人や上司、同僚などと接する際の距離。表情や声は把握できるが、触れることはできない。
公的ゾーン
個人的なかかわりがない人との距離。姿と大声は把握できるが遠い。

ミニコラム パーソナル・スペースが侵害されるとどうする？

人は自分のパーソナル・スペースが侵されると、そこが公共の場所かプライベートな場所かで異なりますが、次のような行動をとります。

①視線を合わせて嫌な顔をする。②相手との間に物を置いて自分の領域を囲う。③体勢を変える。④相手に背を向けてバリアーをつくる。⑤文句をつぶやく。⑥視線を合わせないようにする。⑦相手がいないかのように振る舞う。⑧不満を態度で表す。⑨10～30分で席を去る。

プラスα パーソナル・スペースには個人差もある。外向的な人はフレンドリーな性格なので狭く、逆に内向的な人は他者と距離をとりたがるので広くなる傾向がある。

女性は好意の分だけ食べられなくなる

◆女性らしさを強調している

女性は、男性の前では〝女性らしさ〟をアピールしようとします。目の前にいるのが、気になる男性であればなおさらです。ふだんはよく食べるのに、男性の前だと小食ぶるのは、女性は小食というイメージがあるからです。

実験でも、女性が同席する場合と男性が同席する場合では、女性は食べる量が明らかに違うという結果が出ています（左図参照）。

自分のある部分を見せることを「**自己呈示**（じこていじ）」と言います。ありのままの自分を見せる「**自己開示**」と違って、自己呈示は相手によって変わります。相手に見せたい自分を演出するのです。

特に男女間においては、どう見せるかがとても重要です。自己呈示をする場合、女性はあえて高学歴を隠したり、実は運動が得意でもわざとできないふりをしたりすることがよくあります。いわゆる〝天然〟ぶって見せることも多く、これも男性の目を気にしているためです。

相手に好意があると、性別のステレオタイプに合わせて自己呈示を変える傾向があります。

◆男性の優越欲求を満たすため

ありのままの自分を見せればいいと思うでしょうが、それができるのは自分に自信があるか、相手に興味がない場合です。ほとんどの人は、自分を少しでもよく見せたいと思っています。

女性が意中の男性に対して自己呈示を変えるのは、男性の**優越感**を満たすためです。男性は

プラスα　お酒の席で女性からボディ・タッチされると、好意だと思う男性が多いが、これは勘違いかも。女性は男性よりボディ・タッチが多いうえ、飲酒で接触欲求の抑制が緩（ゆる）んでいるから。

少食だと思われたい乙女心

女性と同席したとき

満腹になるまで食べる

男性と同席したとき

食べる量が減る

女性に満腹になるまでクラッカーを食べるよう指示したところ、同席者が女性のときに比べ、男性のときでは食べる量が減った。男性が魅力的な場合では、さらに減った。

人より自分が上に見られたい、優位に立ちたいと思っています。女性はその欲求を満たすため、自分の見せ方を変えるのです。

一方、男性もまた自分の男らしさをアピールするために自己呈示をして見せます。男らしいところを見せようと女性に代わって重い荷物を持ってあげたり、気前よくおごったりするのはこのためです。このように、自己呈示による〝男性らしさ〟や〝女性らしさ〟は、実際よりも誇張されているのです。

実験

フォークのサイズで満腹感が変わる？

一口で食べられる量が通常サイズより20％多い大きなフォークと、20％少ない小さいフォークを使って料理を食べてもらい、それぞれの満腹感を調べました。すると、大きなフォークで食べたほうがすぐに満腹感を得て、小さいフォークで食べた人より多く食べ残しました。ダイエットをするなら、大きめのフォークがおすすめと言えそうです。

プラスα デート中などに女性が自分の髪を触るのは、相手に気に入られたいという本能的な行為。自己意識が高まったときに見られる“求愛行動”の1つで、男性のネクタイをいじるしぐさなども同じ。

男性は気になる人のそばで姿勢が傾く

◆肩の力が抜けて斜めになる

人はときに、言葉よりもしぐさや表情、視線などで気持ちを語ります。これを「**非言語コミュニケーション**」と言います。受け手もまた、「**メラビアンの法則**」（P52参照）により、そこに表れたサインにさまざまな影響を受けます。

つまり、気になる相手のしぐさや表情に表れたサインがわかれば、効果的に対処できます。

ただし、男性と女性ではちょっと異なります。

まず、男性は相手が気になる人であれば、顔や体が相手のほうにしっかりと向きます。さらに、片方の肩が下がって姿勢が崩れることがわかっています。また、視線もポイントで、頻繁に視線を合わせようとします。

一方、女性の場合は意識している相手の前では美しく見せようとするため、むしろ背筋が伸びてスッと姿勢を正しますが、嫌いな相手の場合は逆に姿勢が悪くなりがちです。

なお、男女問わずに共通しているのは、好意を抱いている相手には、より近づこうとするため自然に身を寄せる傾向があることです。これを「**ブックエンド効果**」と言います。

気になる人の
姿勢を見れば、
自分に好意が
あるかは
一目瞭然です。

◆1人称で話して自分をアピール

会話中によく用いられる言葉にも相手への気持ちが見て取れるときがあります。男女とも一人称（僕、俺、わたしなど）を多用して話すと

キーワード　ブックエンド効果　本棚のブックエンドに本が寄り添うように、恋人同士が仲良くくっついていることを指す。また、好きな人をじっと見つめたり、目で追ったりすることも言う。

彼の好意を見抜くチェックポイント

気になる男性の話し方や姿勢をチェックすれば、好意の有無が見抜けます。下のようなときは好意アリです。

「俺、最近料理にこってるんだ」

チェック！
☑ 1人称で話している

チェック！
☑ 顔や体を向けている

チェック！
☑ 片方の肩が下がっている

実験
男性に助けを求められたら脈ナシ？

電話ボックスに10セントを置き、電話中の男性に女性が「10セントを置き忘れた」と外から声をかけたところ、男性は、女性が魅力的な場合は87％が対処しましたが、美人でない場合は64％しか助けませんでした。

一方、男性は助けを求めるとき、助けを求める＝かっこ悪いと思うため、美人ではない人を選びがちです。

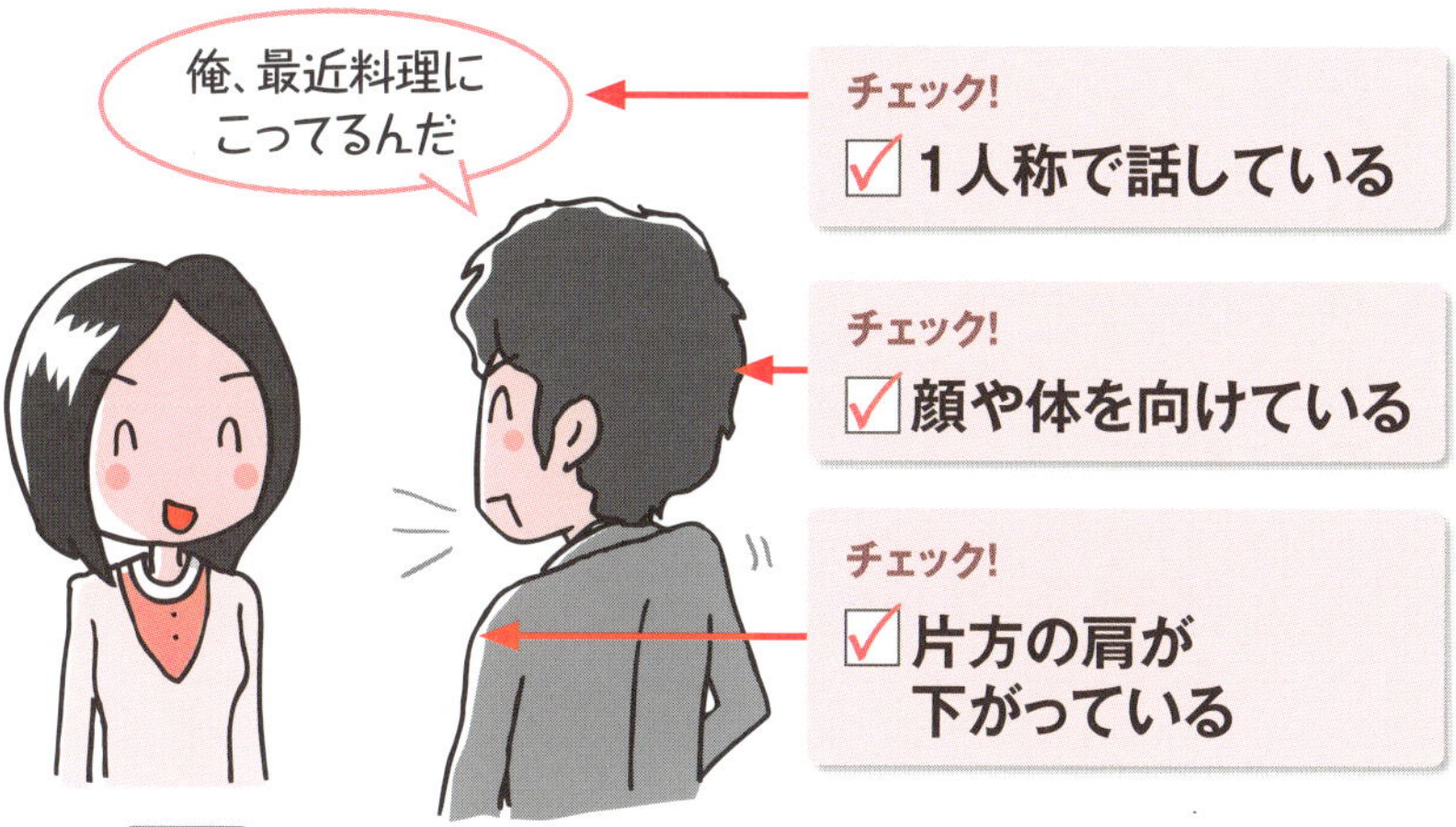

きは、自分のことを知ってほしいという無意識のアプローチだと考えられています。つまり、好きな相手や気になる相手に、自分の気持ちを伝えたい欲求が高まっているのです。

もう1つ、最もよくわかりやすいのが、名前を呼ばれるかどうかです。話しかけたり、会話中に何度も名前を呼ばれるときは、大いに脈アリと言えます。名前ではなく、「ねえ」とか「ちょっと」と呼びかけるときは、その他大勢のひとりとしか思っていない確率が高そうです。

> **プラスα** 恋人同士が並んで歩くとき、女性が左側を歩くのは女性が利き手の右腕のほうが組みやすいからである。恋人なら、女性のほうが身体接触を好むので自ら進んで右腕を絡ませてくることが多い。

2人の心が近づくしくみ

毎朝電車で会う人を好きになる理由

◆顔を合わせるだけで好きになる

人は、頻繁に顔を合わせる人に好意を抱きます。そんな簡単なことで、本当に好きになってもらえるのかと思うかもしれませんが事実です。これを「**単純接触の原則**」と言い、アメリカの心理学者**ザイアンス**が実験でも証明したことから「**ザイアンス効果**」とも呼ばれています。

ザイアンスの実験では、実験参加者に無意味な図形や初めて見る人物の写真を、数回回数を変えて見てもらいました。その後、実験で呈示した写真について感想を求めると、提示回数が多い図形や写真に対してより好ましいと評価したのです。その提示回数がわずか1回でも、初見の図形や写真よりは好ましいと感じています。

つまり、ふだんからよく顔を合わせる相手に対しては、それだけで好意を抱きやすいのです。

ただし、1つだけ条件があります。第一印象が、「よい」または「よくも悪くもない」ことです。第一印象が悪いと、その印象を引きずるので何度顔を合わせても好きになることはありません。「**初頭効果**（P52参照）」によるもので、これを覆すのは容易ではないのです。

◆出会いのきっかけは身近なところに

ふだんから顔を合わせる回数が多いほど相手を好きになるということは、自分の身近にいる人のなかに恋人になる可能性のある人がいると

プラスα 出生動向基本調査（結婚と出産に関する全国調査2010年）では、夫婦が出会った年齢は男性が24～25歳前後、女性が22～24歳前後。約9割が35歳までに結婚相手に出会っている。

186

いうことです。実際に国が行った調査でも、夫婦が出会ったきっかけを調べたところ、職場や仕事を通じてというケースと、友人やきょうだいを通じてという2つが特に多く、その次が学校で出会ったという結果でした。なんと全体の約70％が日常的な場で出会っていたのです。

また、別の調査では、恋人同士の多くは同じ職場や学校など、自分の70メートル以内にいるとも言われています。自分の身近にいる相手なら会いたいときに会えるため、**心理的報酬**（欲求や願望が満たされ満足すること）も得やすく、交際に発展する可能性が高くなるのです。

顔なじみになれば好感度アップ

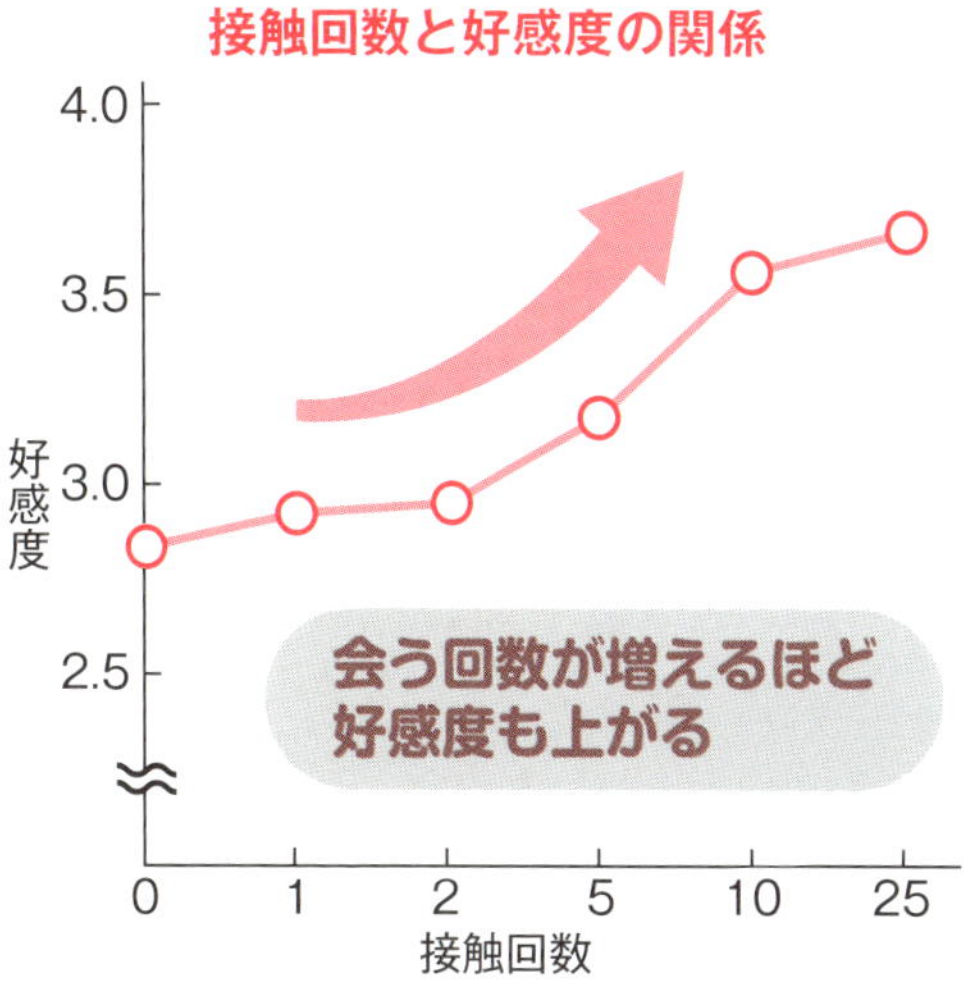

12人の顔写真を2枚ずつ、0、1、2、5、10、25回の6パターンで見せた後、それぞれに対する好感度を聞いた結果、見た回数が多いものほど、好感度が高くなった。

ミニコラム 一目惚れは運命の出会い？

一目惚れの相手と結婚したと聞くと、そんな一時の感情で結婚して大丈夫かと思う人も多いでしょう。これについてアメリカで調査が行われました。アメリカの平均的な離婚率は50%以上です。ところが、一目惚れの相手と結婚した男性の離婚率は約20%、女性の離婚率は約10%で、男女とも離婚の確率が平均より低かったのです。一目惚れはまさに運命の相手との出会いと言えるのかもしれません。

プラスα 第一印象が悪かった相手とは、その後、何度会っても好感度はなかなか上がらない。むしろ、たびたび顔を合わせるため、余計に嫌気がさすこともある。

2人の心が近づくしくみ

似た者カップルはうまくいく

◆自分と似ている人なら安心

恋人にしたい理想のタイプと実際に好きになった人が違った、というのはよくある話です。そして、好きになった理由を聞いてみると、「共通の趣味があった」とか「出身地が近い」「同じサッカーチームのファンだった」など、相手と何らかの共通点や類似性があることが非常によく見られます。これこそが恋愛においては重要な決め手となるのです。

趣味や嗜好が似ていたり、共通の話題があるといっしょに過ごす時間が非常に楽しく、相手に好意を抱くようになるのです。これを「**同好**(どうこう)**の報酬性**」と言います。

◆互いに気負わず認め合える

共通の趣味や嗜好が同じ人を好きになるのは、「**社会的交換理論**」によって説明できます。この理論では、人間関係を「**心理的コスト**」と「**心理的報酬**」の2面からとらえます。

心理的コストとは、簡単に言えば気を遣うこと。これは心理的負担となります。趣味や嗜好が同じなら、説明しなくても気兼ねなく相手を誘え、いっしょに盛り上がれます。しかも、考え方や意見が似ていると自分を支持してもらえます。特に異性からの支持は、同性からの支持より強い自信になります。その結果、欲求が存分に満たされ、大きな心理的報酬となるのです。

趣味や見た目、能力などが似ているカップルは、気を遣わず楽につきあうことができます。

アドバイス 趣味や共通点は数が多いことより、興味の深さが重要。共通点がたった1つでも、より深く知識があり、互いに強く共感できる関係のほうが好意を抱きやすい。

趣味が異なるとマイナスイメージ

自分と似た人とは認知的バランスが安定していて快いため、好意を抱きやすいとされます。これを、「認知的バランス理論」と言います。

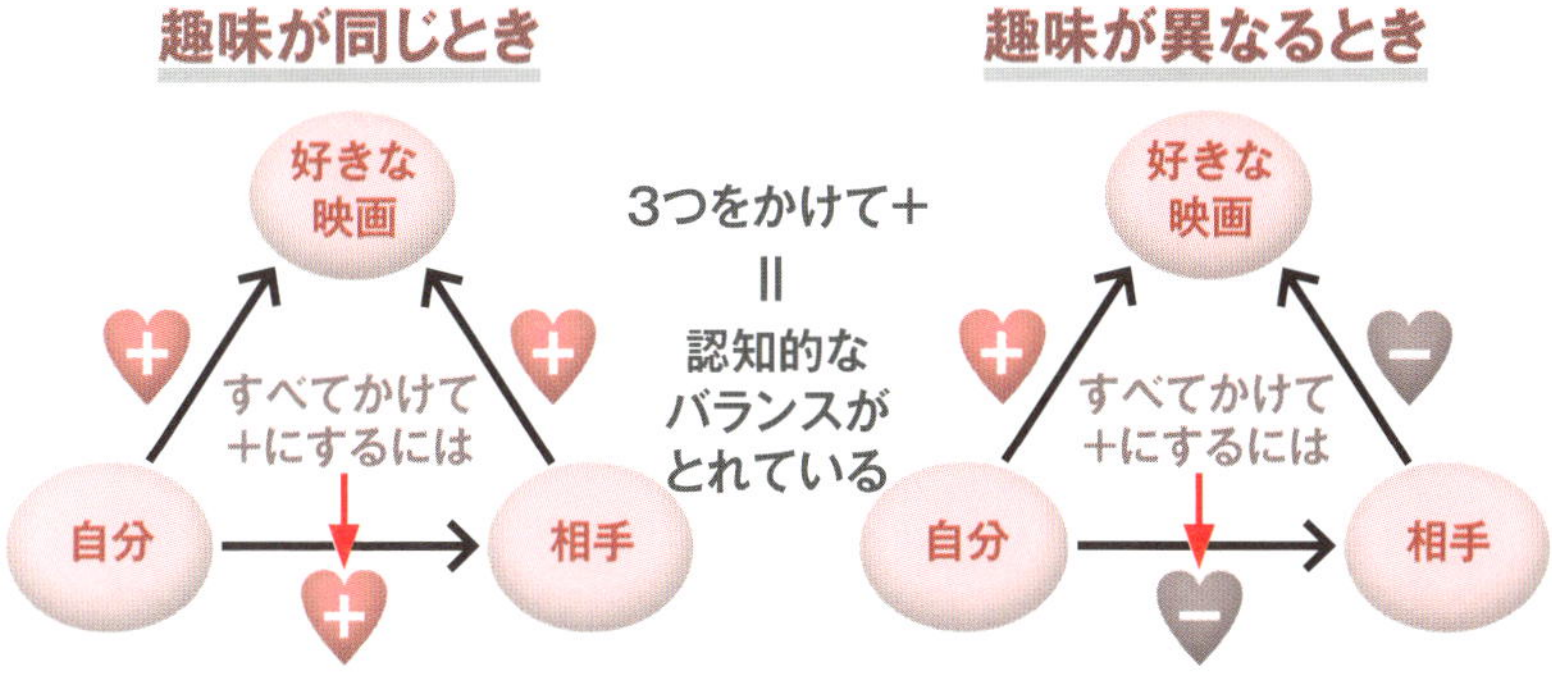

3つの関係の符号をかけて「−」だとバランスがとれず不快。どこかの関係を変えて「+」にしようと動機づけが起こる。好きな相手の好きな趣味を自分も好きになるとよい。

◆魅力のバランスがとれた相手を選ぶ

誰もがイケメンや美人が自分の恋人ならいいのにと思いながらも、実際にアプローチする人は違うことがあります。ほとんどの人は、「**マッチング仮説**」により分相応の相手を選びます。ここにも社会的交換理論による心理的コストと心理的報酬が影響しているからです。

高嶺(たかね)の花である美人やイケメンは、自分とは釣り合わないため拒否される可能性大です。無理にコストをかけてアプローチしても、失敗したら何の報酬も得られません。だからといって、あまり魅力のない相手にアプローチしても自分の心理的報酬を満たすことはできません。

そこで、自分と釣り合うルックスの相手が選ばれるのです。コストが適切で、自分も満足が得られるからです。ちなみに、バランスを気にするのはルックスだけではありません。学歴や収入、家庭環境などの釣り合いも重要です。

キーワード **マッチング仮説** 人は自己評価が高いと魅力的な相手に、自己評価が低いと相応の相手にアプローチする傾向がある。自分と釣り合いのとれた相手を選ぶため、似た者カップルが多くなる。

2人の心が近づくしくみ

ドキドキは恋心と勘違いしやすい

◆そばにいる異性への好意だと思い込む

好きな人に会うと、うれしさや緊張で心臓がドキドキします。これはごく当たり前の生理的な反応です。一方で、心臓がドキドキしているとき、自分の近くにいる人に恋をしてしまうことがあります。これが俗に言う「**吊り橋効果**（錯誤帰属）」です。心理学者の**ダットン**と**アロン**の実験により、その効果が証明されています。

実験では、女性が木のふつうの橋と吊り橋の上でそれぞれ男性に話しかけてアンケートを依頼し、連絡先の電話番号を渡します。すると、後日女性に電話をかけてきたのは、吊り橋でアンケートに答えた男性のほうが多かったのです。

吊り橋は揺れて非常に不安定です。男性は、そのスリルからドキドキしたことを恋愛感情や性的興奮によるものだと思い込み、相手を好きだと思ってしまったのです。人は、自分の気持ちでも、こうして読み違えることがあるのです。

暗くて怖くて
ドキドキする
お化け屋敷は、恋を
進展させるのに
うってつけです。

◆恐怖と暗闇は恋を生む？

吊り橋の上の不安定さやスリルによるドキドキと似た効果があるのが暗闇です。人は暗い場所が苦手なため、誰かといっしょにいて、安心したいと思います。人といっしょにいたいと思うことを「**親和欲求**」と呼びます。

お化け屋敷や暗がりを演出したジェットコースターなどでは親和欲求が高まっているうえ、

プラスα 人が見える部屋と完全な暗室で複数の見知らぬ男女で実験を行った。人が見える部屋では1m以内に近づかず終始会話をしていたが、暗室では徐々に身体的接触が増え、性的に興奮した人もいた。

恐怖心によるドキドキも加わります。そこに男女がいれば、親和欲求の高まりと心臓のドキドキを恋だと錯覚しても不思議ではありません。

また、**人は明るい場所より暗い場所では大胆になりやすく、性的興奮が高まったり、「自己の過剰露呈」が起こりやすくなったりすること**も明らかになっています。自己の過剰露呈とは、自制心や理性が薄れて、自分の気持ちや欲求をさらけ出してもよいと思うことです。

そのため、薄暗い映画館や水族館では自然に手をつないだり、肩を寄せ合ったりしやすく、親密度を増す効果があるのです。

勘違いから恋が生まれる三要素

1. 心拍数の上昇

スポーツなどで体を動かして、動悸が速くなるのでも効果は同じ。

2. 恐怖体験

恐怖感や不安感があると、心拍数が上がるほか、誰かといっしょにいたくなる親和欲求も高まる。

3. 暗闇

暗闇では親和欲求が高まったり、「自己の過剰露呈」が起こったりして、自分の欲求をさらけ出しやすくなる。

キーワード **フィーリング・グッド効果** 人は、自分が快適と感じる環境下では相手に好印象を持ちやすい。相手が好きな音楽を流したり、好みのインテリアの部屋やレストランを選ぶとデートがうまくいく。

恋愛難民になってしまう理由

消極的な「草食系男子」と焦る「こじらせ女子」

◆恋愛でも守りに入る「草食系男子」

「**草食系男子**」の存在はもはや一時の流行ではなく、すっかり定着しています。その特徴は、何事においても安全策を優先すること。仕事でも生活でも強いものや安定したものに依存し、リスクを最小限にとどめたいと考えています。何より特徴的なのが恋愛面です。

恋愛は楽しいことばかりではありません。草食系男子は失恋のダメージを避けるため、成功の確率が高くないと自分からデートに誘ったり、告白したりしません。守りに入る自分を情けないと思いつつも、自分に自信が持てず、なかなか1歩が踏み出せないのです。

◆女子力に自信がない「こじらせ女子」

草食系男子に対抗するかのように最近現れたのが「**こじらせ女子**＊」です。何をこじらせたのかというと、いわゆる〝女子力〟です。見た目もごくふつうで、周囲からもちゃんと女性として扱われているにもかかわらず、自分では自分の「女性性」に自信がなく、特に恋愛に臆病になってしまっている人を指します。

こじらせ女子の特徴は自己評価が非常に厳しく、理想の自分像をかなり高い位置に設定しています。自分でハードルを上げて自分でつまずいている状態です。ありのままの自分を素直に受け入れられないのが原因と言えます。

交際相手のいない未婚者は増えており、男性の6割、女性の5割にのぼります（2010年＊）。

＊国立社会保障・人口問題研究所「出生動向基本調査」

キーワード　肉食系女子　草食系男子とは真逆のタイプの女性。チャレンジ精神が旺盛で、恋愛でも仕事でもリーダーシップを発揮する。男性にも積極的にアプローチするため、草食系男子と好相性。

草食系男子とこじらせ女子の特徴

草食系男子度チェック

- ☑安定志向で保守的
- ☑消極的
- ☑責任を負いたくない
- ☑強いものに従う・頼る
- ☑保証がないと行動に移せない

こじらせ女子度チェック

- ☑女性性に自信がない
- ☑理想が高く、自己評価が低い
- ☑照れから自己演出ができない
- ☑必要以上に自分の欠点を話す
- ☑ほめられても卑屈（ひくつ）になる

◆好きな人ができなくても焦らなくていい

草食系男子やこじらせ女子のなかには、周りの友人たちと比較して自分だけ恋人や好きな人がいないことを気にして、強い焦りを感じている人も多く見られます。

しかし、焦る必要はありません。好きな人というのは無理やり見つけるものではありません。**現時点で誰も好きな人がいないのは、単に今がそのときではないから**です。恋人がいない状況を焦るあまり、好きでもない人とつきあうのは、お互いのためにもよくありません。

人は、頻繁に顔を合わせる人に好意を抱きやすいことがわかっています（P186参照）。友だちのなかからいずれ恋人候補が現れるかもしれません。恋人だとか好きな人だとか限定せずに、異性の友だちをつくるくらいの気持ちで交友を広げていけば、そのうち巡り会うチャンスもあるので、焦らないことが肝心です。

＊こじらせ女子　自己評価が厳しいほかに、自分の欠点を周囲に暴露して笑いをとる、自虐ネタを披露する傾向もある。同性である女性の目を意識しすぎて、ぶりっ子ができないという特徴もある。

恋愛難民になってしまう理由

「恋愛なんて必要ない」は恋愛したい裏返し

◆男性は傷つくリスクを避ける

最近、「恋愛なんかに興味がない」とか「別に彼女とか欲しくない」という発言をする男性が増えていると言われますが、果たして本当に言葉通りの意味なのでしょうか？

こうした発言は草食系男子によく見られるのですが、本当の理由は自分のプライドを守るための発言です。女性が苦手とか、女性とつきあうのが面倒くさいなど、それらしい理由を言いながらも要はフラれて傷つくのが怖いというのが本音です。フラれるとプライドが傷つきます。それを回避するため、恋愛を拒否する発言をして予防線を張っているのです。

◆女性は男性に頼らずに自立したい

女性が恋愛を避ける理由は、男性とは異なります。〝こじらせ女子〟（P193参照）のように自分に自信が持てず恋愛に臆病になっているタイプのほかに、自立したいという気持ちが非常に強く、恋愛を遠ざけているタイプもいます。

こじらせ女子は、ありのままの自分を受け止めてくれる相手が現れれば恋愛関係に進む可能性があります。一方、自立心が強いタイプは近年増加しており、仕事をもち、社会的にも経済的な自立も可能になったことが影響しています。ただ、このタイプには精神的に余裕が生まれると恋愛や結婚を考える人もいます。

好きな子に
いじわるをするのも
同じ反動形成。本心
がバレないように
しているのです。

プラスα 恋愛を拒否する男性は仕事もできない。恋愛では2人の間に起こる問題を解決する力が必要だが、恋愛を拒否する男性は問題解決が苦手な傾向がある。仕事の能力も低いと言われる。

恋多き人は恋愛依存?

つねに恋人がいる人は一見華やかですが、恋人がいないと不安で落ちつかないという恋愛依存の恐れがあります。心が満たされていないことが原因の1つです。

・幼少期に親の愛を得られなかった
・自己肯定感が低い
・自信がない ・劣等感がある
・ストレスがある ・孤独
心の不足感を愛で満たそうとする

根本的な解決のためには、自己肯定感を高め、ひとりでも幸せだと感じられることが大切。

◆自分の感情を抑えて逆のことを言う

例えば、今は仕事や勉強に集中したいからとか、失恋から立ち直ったばかりだからしばらく恋愛をしたくないなど、はっきりと理由があって恋愛を遠ざけるのはよくあることです。

しかし、そうした具体的な理由がなく、頑(かたく)なに恋愛を拒否し、「恋愛なんか必要ない」と強調する人がいます。この場合は「**反動形成**」という心理が働いていると考えられます。

反動形成とは、自分の本心とは反対の言動により、自分を守る自己防衛メカニズムです。

そもそも恋愛は自分の思い通りにはいかないことも多く、プライドが傷つくこともあります。うまくいかずに別れるリスクも伴います。そのことで傷つく自分が嫌で、「恋愛なんか必要ない」と強く発言するのです。本心では恋愛したいと思っていても、その気持ちを抑えつけるために真逆の発言をしているのです。

アドバイス 「恋なんかしない」と周りの人に言いすぎると、それがパブリック・コミットメント(いわゆる公約)になり、後で恋人ができたとき困ることもあるので、あまり言いふらさないほうがよい。

恋愛難民になってしまう理由

自分の気持ちが友情なのか愛情なのかわからない

「好き」が
友人としてなのか、
異性としてなのか、
わからないことは
ありませんか?

◆無理に結論を出す必要はない

自分の気持ちだからといって、すべてハッキリと自覚できるわけではありません。そのため、自分が相手のことを好きなのかどうか、よくわからないこともめずらしくありません。

では、相手から好きだと告白されたものの、自分の気持ちがわからないときはどうすればよいかというと、その場で無理に結論を出さないことです。好きかどうかがわからないのは、少なくともその時点では相手を好きではないのです。したがって、告白されたからといって無理をしてつきあう必要もありません。

友だちとしてつきあっていくうちに好意を抱くようになるかもしれませんし、そのまま友だちで終わるかもしれませんが、焦って結論を出さないことが大切です。

◆友情と愛情の「好き」は違う

友情も愛情も基本的には相手に好意を抱いているからこそ成り立つ感情です。そのせいか、ときに境目があいまいになることもあります。

アメリカの心理学者**ルビン**は恋愛感情と好意は別物であると唱え、線引きをするためにそれぞれ3項目からなる「**愛情尺度**」と「**好意尺度**」を設けて実験を行いました。愛情尺度とは「**親和・依存**（相手といっしょにいたい、いないとつらい）」「**援助**（相手のために犠牲を払える）」

プラスα　女性は最初から友情と愛情はハッキリと区別していることが多いが、男性は友情と愛情の区別があいまい。そのため、女友だちに実は愛情があったと後で気づく場合がよくある。

友情か愛情かのチェックリスト

相手への気持ちが友情か愛情かわからないときは、アメリカの心理学者ルビンが考案した好意と愛情の尺度でチェックできます。

☑その人は適応性がある	☑その人といっしょにいられないとみじめ
☑その人は人から称賛される人である	☑その人のいない生活はつらい
☑その人の判断力は信頼できる	☑その人を元気づけるのは自分の役目
☑その人をグループの代表に推薦したい	☑その人のためならどんなことでもする
☑その人と自分はよく似ている	☑その人になら何でも打ち明けられる
☑いっしょにいると同じ気持ちでいられる	☑いっしょにいると長時間見つめていることがある
→左側にチェックが多ければ 友情	→右側にチェックが多ければ 愛情

「**排他的**（相手を独占したい）」の3項目です。一方の好意尺度は「**好意**（人として好き）」「**尊敬**（尊敬できる部分がある）」「**類似**（趣味や嗜好が似ているところがある）」の3項目です。

実験では、恋愛中のカップルに両方の尺度についてお互いの相手について評価し、さらに自分の友人について評価してもらいました。するど、愛情と好意の間に顕著な一致はなく、ハッキリと区別できるという結果が得られました。

ミニコラム 男女の友情は成り立つ?

男女間での友情について、アメリカの心理学者が行ったアンケート結果では、幅広い年代で男女ともに異性に「友情」を求める人が多い反面、若い世代では相手に性的魅力があると友情を継続させるのがむずかしいと答えています。特に男性はこの傾向が強く、相手に性的魅力を感じると友情の妨げになると考えています。

プラスα 恋愛感情と好意は別物とする説がある一方、恋愛感情は好意をより強めたもので、友情は愛情の一部であるという考え方もある。

恋愛難民になってしまう理由

3次元は怖いから2次元に逃避する

◆2次元だったらフラれない

アニメやマンガ、ゲームのキャラクターの熱烈なファンとなり、その世界にのめり込む人を「2次元オタク」とか「○○オタ」などと呼びます。以前はオタクというと男性が圧倒的に多かったのですが、最近では女性にも急増しています。特に最近注目されているのが、「**腐女子***（ふじょし）」と呼ばれるBL系作品の熱烈なファンです。

2次元オタクの人たちはその世界に熱中するあまり、3次元、つまり現実の世界では恋愛がうまくできない、あるいはリアルでは恋愛したくないというようになります。その心理的背景には「**現実逃避**」があります。

2次元の世界は自分の好きなように想像して楽しめます。現実の恋愛ではプライドが傷つき、つらい経験をすることもありますが、2次元の世界ではフラれる心配もありません。つまり、現実世界から目を背けているのです。

現実から逃避して2次元にハマるほど、理想がどんどん高くなってしまいます。

◆理想がどんどん高くなる

2次元オタクが悪いわけではありませんが、あまりのめり込むと現実の世界とかけ離れすぎて、ますます現実から遠のいてしまいます。

2次元のキャラクターは、当然ながら魅力的につくられています。そこに理想の自分を重ね合わせる「**同一視**」の心理が働くと、そのキャラになりきってコスプレにハマる人がいます。

＊腐女子　BL系（ボーイズラブ：男性同士の恋愛）をテーマにした小説やマンガのファンという意味。最近では、広く女性のオタクを指す言葉として使われることもある。

また、自分好みのキャラクターに強くのめり込むのは、自分の理想の恋人を重ね合わせているからです。これを「投影（とうえい）」と言います。

女性とのつきあいに慣れていない男性の場合、リアルなつきあいだと自分がバカにされるかもしれないと不安を感じます。しかし、2次元の世界では理想的な外見と性格を備えた完璧な恋人がいるのですから、楽しくて仕方ありません。現実世界はこれには到底かないません。すると、リアルな生活がつまらなく、魅力を感じられなくなります。その結果、ますます2次元にのめり込むという悪循環に陥るのです。

アニメやドラマのツンデレキャラはなぜ人気？

ツンデレにキュンとしてしまうのは、低評価から高評価に転じると、より評価が上がる「ゲインロス効果*」です。

同一視
気持ちの落差が大きくより感情的に
自分だけがやさしくされたという優越感
主人公を自分と重ね、自分がツンデレされたように感じる

知りたい!

キャラものが好きな心理って？

最近、昔のアニメやマンガのキャラクターグッズが流行っています。ウケ狙いや話題づくりの場合も多いのですが、実はみんながよく知るキャラクターを通して、自己表現や自己呈示をしているのです。同じキャラクターを好きな人同士は仲良くなりやすく、友だちづくりにも役立ちます。

*ゲインロス効果　厳しい印象がある人からほめられるほうが、ふだんからよく人をほめる人にほめられるより感情的な落差が大きく、うれしいと感じやすい。いわゆるツンデレはゲインロス効果による。

恋愛難民になってしまう理由

男性は元カノに連絡してしまう生きもの

男性が
別れた女性に突然
「元気?」などと連絡
をするのはなぜ
でしょうか?

◆女性は切り替えが早い

不幸にも別れることになったとき、その後の立ち直り方は男女で大きく異なります。

女性はすぐにパッと切り替えて、次の恋へ進むからです。進化論的に女性はひとりの男性に生涯庇護してもらうため、ダメになったら別の相手を探す必要があるからです。もちろん別れた直後は落ち込みますが、友だちとストレス発散をして上手に乗り切れる人が多いのです。

◆男性はショックから抜け出せない

一方、男性は失恋したときや恋人と別れた後、かなり長い間ダメージを引きずります。

男性の場合は、進化論的に自分の**テリトリー**や獲物を奪われることを非常に嫌がります。一度手にしたものを失うことは、自分の存在価値を否定されたように感じるからです。そのため、自分のもとから女性が去ったというショックをズルズルと引きずりやすいのです。

彼氏や夫が元カノ（元の彼女）のケータイの連絡先を削除せずに残すのも、写真や思い出の品物を捨てずにとっておくのもこのためです。

また、男性は論理的に物事を考えるため、別れの原因を分析して「ああすればよかった」と悔やんで、なかなか前に進むことができません。

さらに、離婚の場合はもっと悲惨です。女性は適応力があり、離婚後も自分で生活を立て直

プラスα 離婚のダメージは男性のほうが強い。ある調査では、離婚した女性の半数以上が離婚して幸せになったと答えているのに対し、男性は半数近くが不幸になったと答えている。

別れた後の男女の行動の違い

男性 引きずりやすい　　**女性** 次の恋愛に進む

男性はプライドの高さから周りに相談できず、自分の世界にこもりがち。

適応力があり、周りの支援も受けやすく、感情を外向きに発散しやすい。

すことができますが、男性は不得手な家事や生活の乱れから、免疫力が低下して心身ともに病気にかかりやすいことがわかっています。

◆たくさんの女性とつきあいたい

別れた相手に電話をかけたり、メールを送ったりするのも圧倒的に男性に多く見られます。すでに述べたように、男性はショックを引きずるため、なかなか別れを受け入れられずに未練がましい行動に出てしまうのです。

進化心理学的に女性はよりすぐれた遺伝子をもつ男性を選んで子孫を残そうとするのに対し、男性は自分の子孫や遺伝子をひとりでも多く残そうとすることが関係しています。それにはひとりでも多くの女性とつきあうほうが有利です。そのため、別れた後やほかにつきあっている女性がいるにもかかわらず、元カノや別れた妻に連絡をとりたがります。これは、男女の基本的な性戦略の違いによる行為なのです。

アドバイス 別れた後、元カレ（元の彼氏）から連絡が来たとき、ヨリを戻してつきあう気がないなら連絡しないほうがよい。話がこじれたり、現在交際中の相手に知られたりするとトラブルのもとになる。

How to

アプローチしよう！
恋を手に入れるテクニック

タイミングを合わせて相手のしぐさのマネをする

◉自分と似ている人には好感を抱く

好きな相手に効果的にアプローチするには「**類似性の法則**」を試してみましょう。

人は、自分と同じ反応をしたり、考え方に共感してくれる相手に好意を持ちます。そこで、相手と同じしぐさや発言をマネてみるのです。

その効果は実験でも証明ずみです。参加者をふつうに会話をするグループと相手のしぐさや動作をマネるグループに分けたところ、後者のほうが好感度が高いという結果になりました。

もちろん、わざとらしいと逆に不快感を与えるので、あくまで自然にマネるのがコツです。

意識させるには

実践ポイント

偶然同じを装って運命を感じさせよう

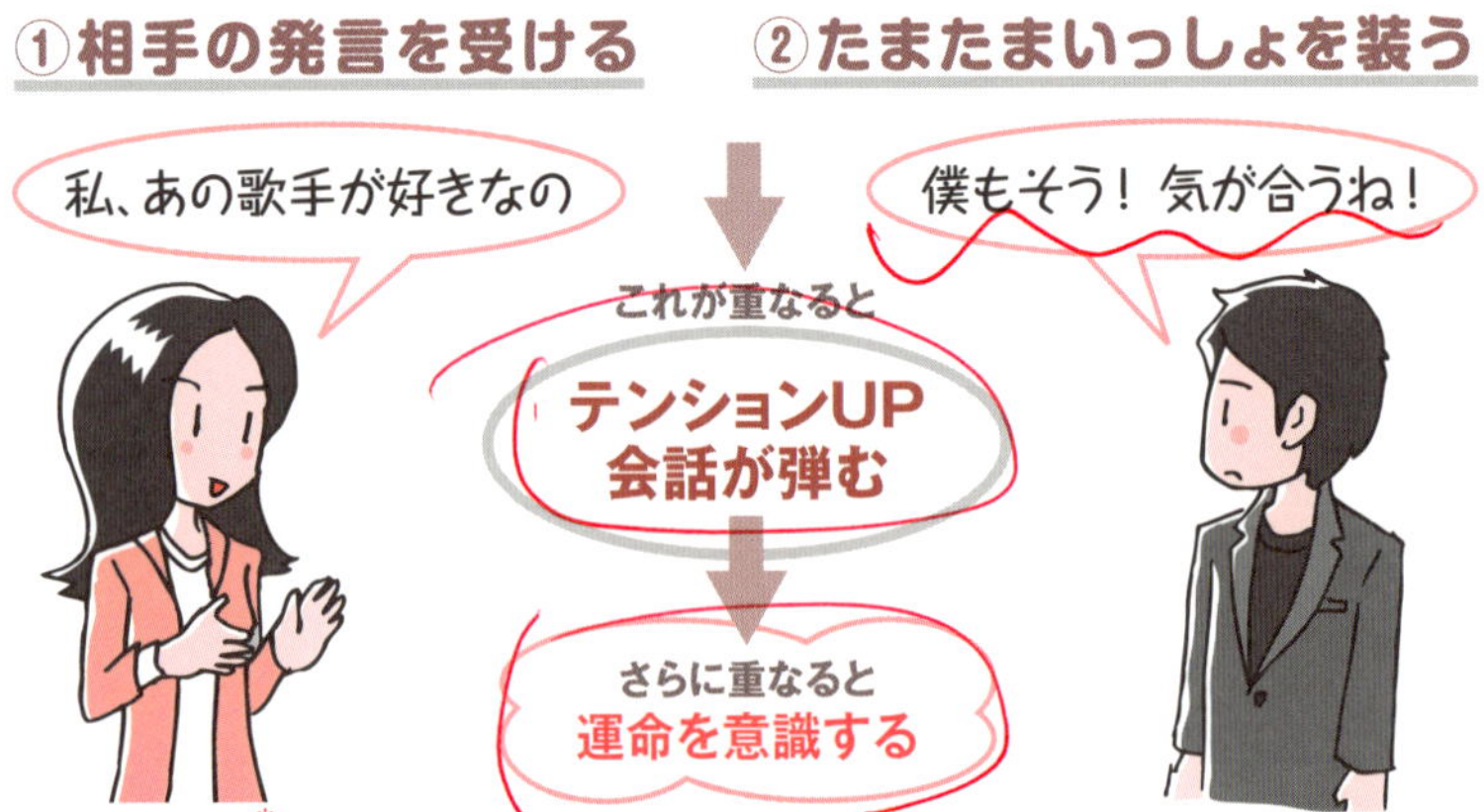

①相手の発言を受ける
②たまたまいっしょを装う
私、あの歌手が好きなの
僕もそう！ 気が合うね！
これが重なると
テンションUP
会話が弾む
さらに重なると
運命を意識する

心理学者ユング*は、偶然の一致を「シンクロニシティ」と提唱しました。考えや行動が偶然同じだと、相手に好感を抱いたり運命を感じるようになります。

*ユング　カール・ユング（1875～1961年）。スイスの心理学者・精神科医。フロイトと共に精神分析の研究・発展に貢献するも、意見の対立から決別。その後、分析心理学の創設者となった。

好感を持たせるには

実践ポイント

相手の動作をマネしよう

親しい人と姿勢や行動が同じになる「ボディ・シンクロニー*」を逆手にとり、相手に合わせた行動をとれば、好印象を与えることができます。

・夫婦がそっくりになるのもシンクロニー現象によるもの
・嫌いな人とは絶対に起こらない

やりすぎには要注意

モノマネになってしまっては、相手を不快にさせてしまい逆効果。

実験

あくびは犬にも伝染する?

自分の周りであくびをする人を見たとき、つられて自分もあくびをしてしまうことがありますが、実は相手が犬でもあくびはうつります。

あくびは本来生理的な反応ですが、社会的相互作用を促す働きもあるため、社会的能力が備わっていると、人も犬も他人のあくびに共感しているサインとしてあくびをするのです。ただ、あくびは「あなたのことを気にしてない」と言うのと同じなので、ときと場合に気をつけて。

*ボディ・シンクロニー シンクロニー現象(同調傾向)のほか、姿勢反響、ミラーリング効果とも言う。好意を持っている相手と無意識のうちに同じしぐさや姿勢をとったり、話し方をマネしたりすること。

相手にとって意外な一面をほめる

◎自分をわかってくれたと思う

人は誰でもほめられるとうれしく感じるものです。自分が認められたと実感でき、自尊心がくすぐられるからです。このとき**「自己承認欲求」**が満たされるので、**人は自分をほめてくれた相手に好意を抱きます。**

つまり、気になる相手に好きになってもらうには、相手をほめることが近道というわけです。

なお、ほめ方にはコツがあります。下記の「**ジョハリの窓***」を活用し、意外な一面をつくのです。すると相手は「この人は自分のことを理解してくれる」と感じ、好感度がアップします。

ほめ上手になるには①

実践ポイント

本人の気づいていない長所をほめよう

		自分：知っている	自分：知らない
他人	知っている	**開かれた窓** 自らオープンにしていて自分も他人も知っている自分自身。	**未知の窓** 他人は知っているが、自分では気づいていない自分自身。
他人	知らない	**秘密の窓** 秘密や感情など、隠していて自分だけが知っている自分自身。	**深層の窓** 誰も知らない自分自身。無意識や潜在能力といった深層心理。

ココをほめる！
周りからは見えているが、本人は気づいていない長所をほめる

↓

自分の意外な一面に気づかせてくれた人として一目置くようになる

*ジョハリの窓　アメリカの心理学者ジョセフ・ルフトとハリー・インガムが提唱した対人関係における気づきのモデル。自分の姿を「自分から見た自分」と「他人から見た自分」という視点で見たもの。

ほめ上手になるには②

実践ポイント

性格を断言して「わかっている感」を出そう

人には承認欲求があるため、断定的に性格の二面性を指摘されると、自分のことを言い当てられた気になり、相手へ尊敬の念を抱きます。

君って活動的だけど本当は繊細な人だよね
裏返して二面性を指摘する
断定
いろんな人に当てはまる
この人は本当の私をわかってくれている!

万人に当てはまる内容でも、前向きな言葉で自分だけが対象だと感じると効果が上がる。

ミニコラム

占い師は人の内面を見抜く?

占いで見てもらったり、雑誌の占い記事を読んだとき、「これ、当たっている!」と感じることがあります。実はこれ、心理学で言う「フォアラー効果*」によるものです。

誰もが持つ承認欲求を利用した手法で、「あなたは友だちが多い反面、孤独を感じている」などと二面性を指摘して断言すると、「本当の私をわかっている」と錯覚しやすくなります。占いが当たっていると思うのはこのためなのです。

*フォアラー効果　心理学者のフォアが発見したもの。人は相反する要素を断定的な言葉で指摘されると、自分の内面を見透かされたと感じる傾向がある。これを利用すると人を信じ込ませやすくなる。

尽くすよりも尽くさせる

●「助けたのは好きだから」と思い込む

意中の相手に自分のことを好きになってほしいなら、どんどん頼み事をしてみましょう。これは心理学の「**認知的不協和**」を活用した方法です。人は、自分が助けた相手を好きになる傾向があります。その訳は、助けるという行為をするのは、相手に好意があるからだと自分で自分に理由づけをするからです。

「**自己開示**」をするのもよい方法です。相手にだけ自分の秘密を明かしたり、あるいは相手の秘密を聞いたりして秘密を共有すると、好感度が高くなることがわかっています。

初級編
実践ポイント
お願い事をして助けてもらおう

人は手助けした相手に好意を抱く傾向があるため、引き受けやすい簡単な手伝いをお願いするとよいでしょう。

好きでもないのに
手伝うのは矛盾
していて不快
認知的不協和
解消するために
考えを変える
手伝ったのは
好きだからなんだ!

プラスα 認知的不協和はプライドの高い人ほど陥りやすい。自分が助けてあげたということは、相手を好きだからに違いないと、自分自身の行動を正当化する傾向が強いため。

上級編

実践ポイント

秘密を打ち明けて特別感を出そう

自己開示の内容がプライベートな内容であるほど、話した側も話された側も、互いに親近感や特別感を抱きます。

ここだけの話なんだけど…
秘密の共有にはスリルがあるうえ、カリギュラ効果（P166参照）も働き高揚する。
ドキドキ感UP
自分の話を聞いて受け入れてもらえた
自分には特別に打ち明けてくれた

アドバイス 尽くしすぎは破滅のもと

相手に尽くしすぎて「重い」とか「ウザい」などと言われたことがある人は、次の恋愛を成就させたいなら、その尽くしすぎる癖を改めるべきでしょう。

恋愛関係において、自分を犠牲にしてまで相手に過剰に尽くすのはNG。アンケート調査でもそれは明らかです。一方的に尽くされると、相手との性的行動を避ける傾向が強くなることがわかっています。つまり、2人の間に不公平感があるなど、心理的関係がバランスを保っていない恋愛は長続きしないのです。

キーワード **自己開示の返報性** 自分の情報を相手に伝えることで、相手もまた自己開示をすること。こうして互いをよく知ることで親密度が深まる。特に、秘密など重要な情報であるほど親密度が増す。

How to

アプローチしよう！恋を手に入れるテクニック

友だちからのおすすめがトドメのひと押し

◉自分の感じ方に客観的な裏付けが欲しい

自分のよさをアピールするには友だちに助けてもらうのも1つの方法です。人は、自分ではいいと思っていても、いまひとつ判断に自信が持てない場合があります。そんなとき、友だちや他人の評価を参考にします。他人がいいと判断すると、「自分と同じだ」とわかって安心します。これを「**同調行動**」と言います。

そこで、友だちの出番です。意中の相手に自分のことをほめてもらうのです。人数は3人以上が目安です。友だちの一言で「**定着液効果**」*が発揮されれば、より成功率がアップします。

出会ったばかりなら

実践ポイント

友人から自分のことをほめてもらおう

人には周囲と意見を合わせる同調心理があるため、友人から自分のことをほめてもらえば、相手に好印象を与えられます。

POINT
3人以上で効果UP
意見は全員で合わせよう

❗価値観に自信を持っている相手には効きにくい

*定着液効果　フィキシング・ソリューション効果とも言う。自分だけの判断では自信がない場合、周囲も同じ意見だとわかると自信が持てる。友だちや他人の意見により自分の評価を定着させること。

じれったいままなら

実践ポイント

同性の友人からの後押しが効く

よい雰囲気のまま進展しない場合は、友人から自分をおすすめしてもらうと、定着液効果によって相手の踏ん切りがつくかもしれません。

早く
告白して
こないかな
共通の友人
(相手と同性)に
後押ししてもらう
自分の考えは正しかったと確信
タイミングを逃さずに
行動に移るかも…!?

ランクアップ

去るふりをして価値に気づかせよう

昨日までぐいぐいアプローチしていた相手が、急に姿を見せなくなると、なぜか気になります。これは恋愛心理学で言う「去れば追う、追われれば去る」という法則によるもの。人は、それまであった物や人が失われそうになってはじめて、その価値に気づきます。そこでこの法則を活用して、突然スッと身を引いてみるのです。ただし、相手と絶妙の距離感があることがポイント。もとの距離感が遠すぎると効果がありません。

プラスα 異性の友だちに恋人ができたとわかると、それまで意識していなかったのに、急に魅力的に見えるのは「心理的リアクタンス」によるもの。売り切れや品薄の商品が魅力的に見えるのと同じ。

告白は相手が落ち込んでいるときに

◉自己評価が低いと他人は魅力的に見える

告白するにはタイミングも重要です。狙い目は相手が落ち込んでいるときです。

例えば、仕事でミスしたり、フラれたり恋人と別れたりした直後は自己評価がかなり低くなります。このとき告白されると、相手を魅力的に感じ、愛情を受け入れやすくなります。これを「**自尊理論**」と言います。落ち込んだとき慰めてもらっているうちに愛情に発展した、というのはこのパターンです。

逆に、仕事も恋も順調で自己評価が高いと、相手に求める条件も自然に高くなります。

タイミング
実践ポイント
相手がヘコんでいたら狙いどき！

相対的に評価が上がる
魅力的に見える
失恋・失敗
自己評価が下がる
こんな私でもよければ…なんてありがたい

自己評価が下がっているときは、他人が相対的に魅力的に見えます。さらに、好意を寄せられると感謝し、好きになりやすい傾向があります。

アドバイス　人は好意を示されると、「好意の返報性」によってその相手に好感を抱く。これを活用して、まずは相手に好意があることを伝えるとよい。すると相手も好意に応えようとしてくれる。

伝え方

実践ポイント

かっこつけずに率直な言葉で伝えよう

「男性が見知らぬ女性に話しかける実験では、キザなセリフを言った場合が最も嫌われ、率直なセリフを言った場合が最も好かれました。

フラれてしまったら

実践ポイント

あきらめずに3回以上告白しよう

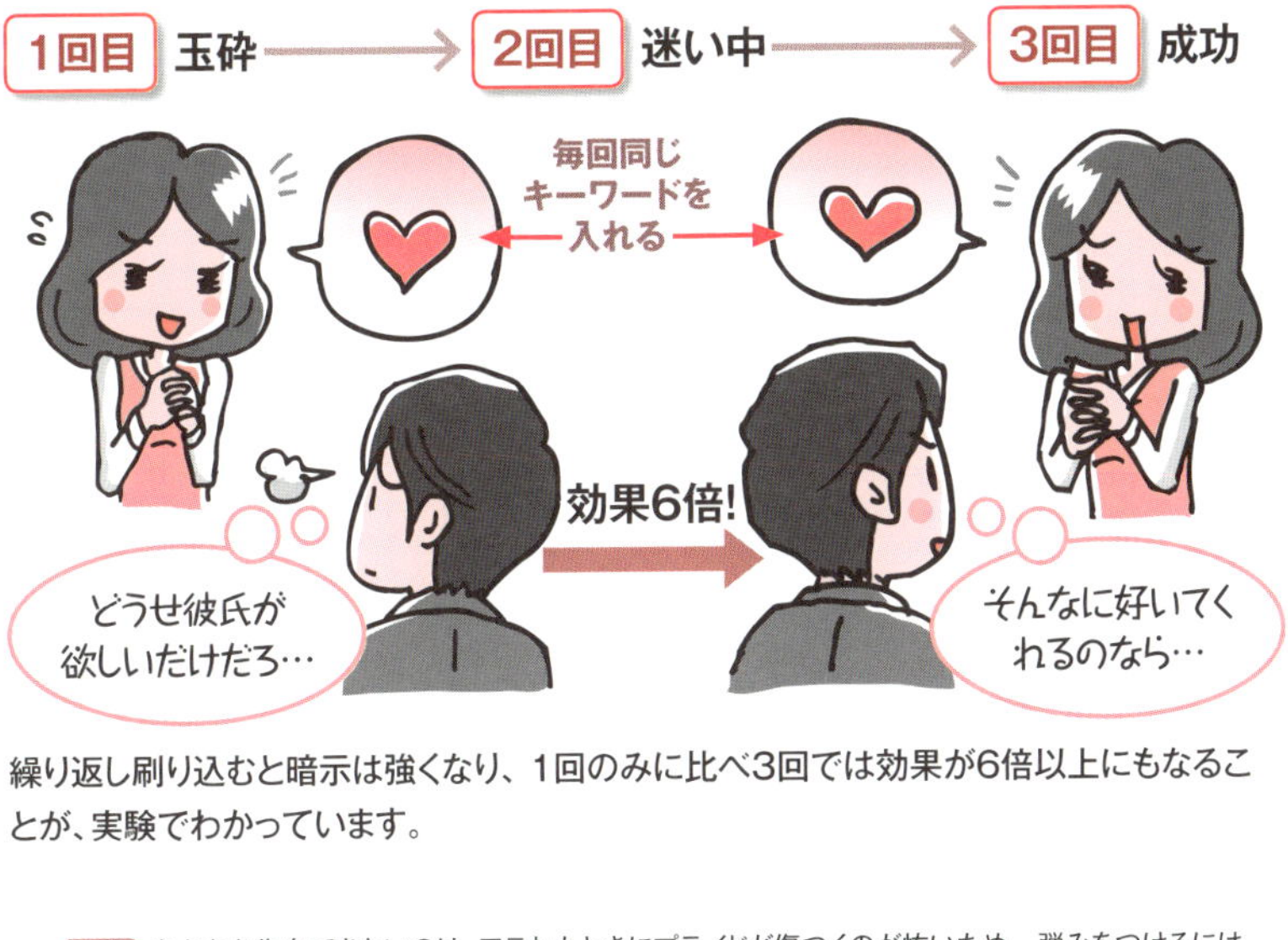

繰り返し刷り込むと暗示は強くなり、1回のみに比べ3回では効果が6倍以上にもなることが、実験でわかっています。

プラスα なかなか告白できないのは、フラれたときにプライドが傷つくのが怖いため。弾みをつけるには、誕生日やイベントを利用して告白するきっかけをつくるとよい。無理なら友だちに頼む方法も。

幸せな関係が長く続く2人

言葉を交わすほど満足度が上がる

◆会話の量が満足度のバロメータ

せっかくのデート中なのに、互いに自分のスマホをいじって会話がほとんどない…。つきあいが長くなって多少の倦怠感（けんたいかん）はあるにしても、ここまでくると別れの日も近いかもしれません。つきあい初めの頃は、デート中はもちろん、会えないときも電話やメールなど駆使（くし）してたくさん会話をしていたのに、このようにほとんど会話がなくなると2人の関係は破綻（はたん）します。

その理由は、恋愛関係における満足度は**言語的コミュニケーション**、つまり会話の量と比例しているからです。会話の量が多いカップルは満足度が高く、長続きしやすいことが実験でも明らかになっています。会話を重ね、お互いが秘密を共有し合い、**自己開示**によってありのままの自分をさらけ出すことで、精神的により深い絆で結ばれるからです。

また、セックスについても2人でフランクに会話できるカップルほどセックスの満足度も高く、関係が長続きします。ここにも会話によるコミュニケーションが深くかかわっているのです。

心理学の実験から、会話の量と恋愛の満足度は比例するという結果が出ています。

◆うまくいくカップルには会話に特徴がある

恋人と長続きするには、会話の量だけでなく、質も大事です。アメリカで新婚夫婦を対象に行われた調査では、相手の言葉に否定的な反応をするコミュニケーションは結婚の満足度を下げ

プラスα　人間関係を損得で判断する「交換的人間関係」を重視する人は、相手に何かしてあげた際、お礼やお返しがないと気分を害しやすい。このタイプはビジネスでは成功するが恋愛では苦戦する。

るという結果が出ています。つまり、相手に対して愛情を表現し、相手の話を肯定して聞き役に徹することが長続きの秘訣というわけです。

もう1つ目安となるのが、この・あの・そのなどの「**機能語**」の使い方が似ていることです。2人の間に共通の認識がないと会話が成立しないため、機能語で意思の疎通が図れるカップルは関係が長続きすると言われています。

さらに、恋人や友人など親しい人との会話には守るべき4つのマナーがあります（左図参照）。この4点に留意することで互いの理解を深め、良好な関係を保つ手助けとなります。

恋する会話マナー4か条

恋人といえども、相手への礼儀を忘れないことが大切です。

共通の話題を選ぶ
どちらかに関係のない話では、興味がわかず、会話が白けてしまう。共通の話題なら機能語が使え、関係の長続きにもつながる。

交互に話す
片方だけが話すのでは会話とはいえない。自分ばかり話していたら相手に話を振ったり、順番を守ることも必要。

相手を知ろうとする姿勢を大切に
恋人ももとは赤の他人。相手を理解しようとする姿勢や、思いやりを忘れないことが大切。

必ずリアクションを返す
無視は問題外だが、沈黙も同じマナー違反。相づちやうなずきなどで反応を返すのが、会話の大前提。

知りたい！

出会った頃より口数が減る男性の心理って？

出会ったときからつきあい初めは、たくさんおしゃべりをして楽しませてくれたのに、つきあいが長くなったり、結婚した後にはめっきり口数が減ったなどと男性に不満を抱く女性も多いはず。しかし、これは当然のなりゆきです。

男性は太古の昔から狩猟をして家族を養う役割だったため、口数が少ないのが本来の姿です。つまり、口数が多かったのは相手を口説く間の特例。その後、口数が減るのは本来の姿に戻っただけなのです。

プラスα 女性がおしゃべりなのは脳の言語野が発達しているため。1日に発する単語数でみても、女性が平均で6000～8000語なのに対し、男性は2000～4000語と約半分しかない。

幸せな関係が長く続く2人

遠距離こそ相手の現実の姿を見よう

◆恋人との距離は心の距離？

〝遠距離恋愛を実らせてゴールイン〟という話はもちろんたくさんありますが、一方で多くのカップルが遠距離の壁を乗り越えられずに破局を迎えています。実は、心理学的に見ても遠距離恋愛は非常に困難なことがわかっています。2人の物理的な距離が離れると、心理的な距離も離れてしまうからです。これを「**ボサードの法則**」と言います。

アメリカで5000組の夫婦に行った調査に興味深い結果が出ています。それによると、33%のカップルが5ブロック（区画）以内の近距離に住んでおり、交際中に遠距離になったカップルは別れる率が高かったのです。つまり、恋愛関係を持続させるには2人の物理的な距離が近いことが重要な条件だと言えるのです。

遠距離恋愛では、
短期決戦をするか、
現実の姿を
知っておくことが
大切です。

◆コストを取り戻すために相手を理想化しがち

ではなぜ、遠距離恋愛はうまくいかないのでしょう？　心理学では「**社会的交換理論**」によってその説明ができます。人は、最小の「**心理的コスト**」で最大の「**心理的報酬**」が得られる人間関係を求めるからです。

心理的コストとは、相手に会うためにかかる時間的・金銭的なリスクです。遠距離では当然時間も費用もかかりますし、相手とのスケジュール調整も不可欠です。心理的報酬とは、遠距

アドバイス　遠距離恋愛を長続きさせるには、こまめな連絡と会話がカギ。メールやSNSなどを活用して頻繁に連絡を取り合うことが大切。直接会って話すより大胆なアピールがしやすいというメリットも。

遠距離恋愛はリスクが大きい

遠距離恋愛にはリスクが多く、近くの人へ気持ちが移りがちです。

コストがかかる

交通費や通信費などの金銭的コストや、日程調整などの時間的コストがかかる。

気持ちが薄らぐ

人は会えば会うほど好きになる。反対に会えない分だけ気持ちが薄れる。

ケンカしやすい

面と向かっては批判しにくいが、メールや電話では相手を攻撃しやすい。

将来が不安

二人の今後のビジョンが見えず、期待感が持てないため不安になる。

離恋愛の場合は相手に会えることですが、その時間も限られます。こうした状態が続くと、互いに負担を感じ、気持ちが揺らいだりケンカをしやすくなったりします。

心理的コストをかけた分、取り戻したいと思うのは人間として当然の心理です。すると、「**コンコルド効果**」が働きます。簡単に言えば、コストに見合った報酬があるはずだと思い込むのです。遠距離恋愛でたまに会えたときの喜びが大きく、盛り上がるのはこのためです。

コンコルド効果が働くと相手を理想化しやすくなります。自分がこんなにがんばって関係を持続させているのだから、これ以上の相手はいないと理想化してしまうのです。すると、相手の現実の姿が見えにくくなります。

遠距離恋愛を乗り越えてようやく結婚したり、相手が近くに戻ってきたとたん破局するケースが多いのは、理想化していた相手の現実の姿を見て幻滅してしまうからなのです。

プラスα 男性が長電話が嫌いだとかメールの返信が遅い、または返信しないのは、電話やメールを単に用件を伝える通信道具と考えているため。用事を伝える以外の目的だと後回しにされやすい。

適度な嫉妬は浮気を防ぐ

◆出来心で浮気に走るのはなぜ？

浮気に関しては男女間で大きな差がありますが、まず浮気をする理由からして男女では異なります。男性は、自分の遺伝子をひとりでも多く残すには複数の女性と関係をもつのが最も効率的です。そのため、進化論的にも男性はついつい浮気に走ってしまうのです。

一方、女性は男性のように複数と関係をもってもたくさん子どもを産めるわけではありません。そこで、優秀な遺伝子を持ち、なおかつ妊娠～子育て中に自分たちを養護してくれる信頼できる相手を慎重に選ぼうとします。

こうした男女間の進化論的な違いは、〝**許せる浮気**〟と〝**許せない浮気**〟にも見て取れます。

男性の場合、自分の妻や恋人が他の男性と性的関係をもつことは絶対に許せません。それはすなわち、ほかの男性との間に子どもを残そうとする行為になるからです。一方、女性は夫や恋人がほかの女性と性的関係をもつより、心から惹かれ合うことが許せません。それは別離につながる可能性が高いからです。そのため、女性は夫や恋人が浮気をしても、精神的に惹かれているのでなければ許すことが多いのです。

嫉妬心は抑えようとしても強くなるもの。上手につきあっていきましょう。

◆嫉妬するのは愛がある証拠

そもそも**嫉妬心**とは、相手を思っているからこそ芽生える感情です。何とも思っていない相

プラスα 浮気や不倫を繰り返す人は、例えば自分の友だちもしているとか、自分の親もそうだったからなどと、それを正当化する気持ちが働いている。すると罪悪感が薄れ、繰り返しやすくなる。

浮気防止のための嫉妬法

男性は不機嫌で無口になることが多く、女性は怒ることが多いと言いますが、それでは逆効果なこともあります。

大 ↑
│
泣いて悲しむ
「私は大切に思っていたのに悲しい」
同情心を刺激し、反省を促したり、愛情を思い出させることができる。

明るく伝える
「妬いちゃうなモテるから心配しちゃうよ」
自分の気持ちを伝えたり、可愛く嫉妬するのも効果的。

効果

怒って責める
「最低！もう二度と会わないで！」
相手に明確に脅威を与えてしまうため、リスクも高い。
│
↓ 小

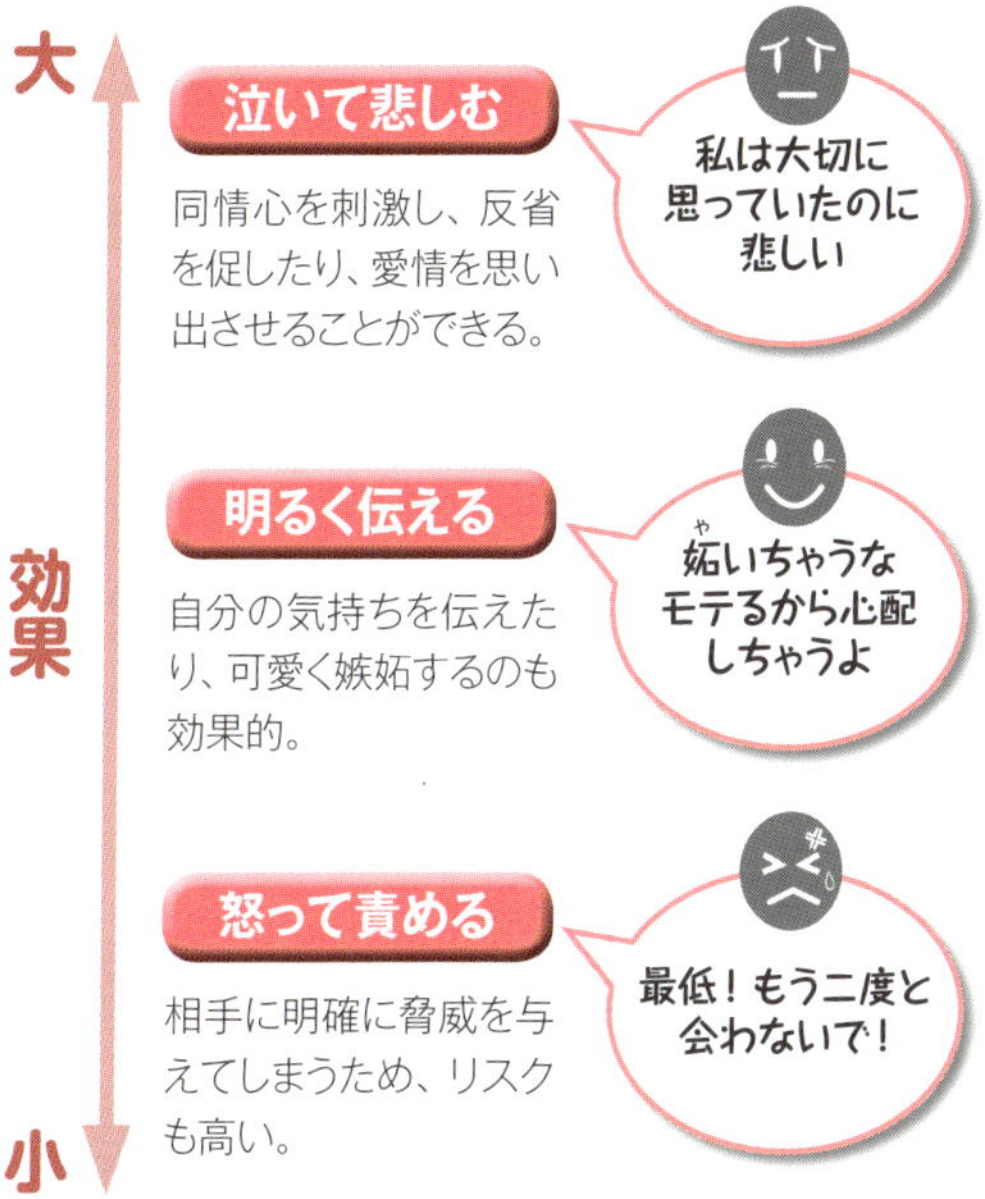

知りたい！ 束縛が激しい人の心理って？

嫉妬心が強く、メールや着信履歴をチェックして相手を束縛する人がいます。こういうタイプの人は自分に自信が持てない、プライドが高い、自己愛が強いという傾向があります。さらに、自分に浮気願望があることも実は多いのです。自分の姿を相手に「投影」し、"浮気をされるかもしれない" と思い込んで相手を束縛しているのです。

手なら浮気をしようが気になりませんし、嫉妬心もわきません。つまり、相手に焼きもちを焼かれたり、嫉妬されたりするときは、まだ十分に思われている証拠です。その逆もしかりです。恋愛関係にあるカップルを対象に行った調査でも、結婚に至ったカップルは別れたカップルに比べて嫉妬心が強かったというデータもあります。このことから、適度な嫉妬心は恋愛のスパイスとなるのです。

ただし、嫉妬心が強すぎるときは要注意です。束縛がひどくなったり、なかにはストーカーになったりする人もいて、こうなると厄介です。

プラスα　女性が男性の浮気に気づきやすいのは、非言語コミュニケーション（ノンバーバル・コミュニケーション）能力が高いため。相手の表情や態度、声の調子などから心を読むのが得意なため。

コーピングで上手にケンカする

◆言動を修正して深刻なケンカを回避

恋人同士や夫婦にケンカはつきものですが、あまり深刻になりすぎると別れる原因になりかねません。上手なケンカのテクニックを身につけておくとよいでしょう。おすすめなのが「**コーピング理論**」に基づく方法です。

〝**コーピング**〟*とは、問題に対処するとか切り抜けるという意味。ストレス軽減を目的とした手法で、この理論に基づいて発言・行動すると、深刻なケンカに陥らないようにすることができます。コーピングではケンカの際に真正面からぶつからないようにするため、自分の言動をほんの少し修正すればよいとしています。

◆昔の話まで持ち出すともう止まらない

コーピングの基本は回避術です。ケンカをするとついついキツイ言葉の応酬（おうしゅう）になりがちですが、そうなるとエスカレートしてしまいます。

特に注意したいのが、女性はケンカになると昔の話まで持ち出して男性を責め立てること。女性は**エピソード記憶***がつながりやすく、「あのときもそうだった」などと、過去の話まですぐに引き合いに出します。しかもこうなると、女性の怒りは簡単にはおさまりません。

こんなときは男性がコーピングを駆使し、ワンクッションおいて正面衝突を避け、ほとぼりが冷めるのを待つのが賢い選択です。

深刻なケンカを
防ぐには、
少しの工夫が
肝心です。

*コーピング　問題解決に正面から取り組む「問題焦点型コーピング」と、ストレスによる不快な感情を軽減・緩和する「情動焦点型コーピング」がある。ケンカを回避するのは後者のやり方による。

ケンカをコミュニケーションに変えるコーピング

ケンカもコーピングをすればコミュニケーションに変わります。共通の友人をもったり、ユーモアを交えることも、長続きに効果的です。

①初めの一言

× 言動への批判
相手の人格否定

↓ コーピング

○ 要望のみを伝える
主語を「私」「私たち」に
気持ちを伝える
相手の逃げ道も残す

②ワンクッション挟む

× すぐに言い返す
ヒートアップする

↓ コーピング

○ まず話を聞く
お茶やトイレなど一呼吸おく
20分その場を離れる

③謝る

× 口を利かなくなる
意地を張り合う

↓ コーピング

○ 先にルールを決めておく
早めに謝罪・フォローをする

知りたい！

口ゲンカで黙り込む男性の心理って？

ケンカがヒートアップしてくると、なぜか男性が黙り込むことがよくあります。女性から見れば「都合が悪くなるとダンマリになる」と言いたいところですが、実はこのとき男性はストレスと闘っているのです。

女性は言語野が発達していて口ゲンカが得意ですが、男性は口ゲンカが苦手。そのうえ、男性は女性に比べて生理的にストレスに弱いため、心拍数や血圧も急上昇し、そのままだと感情が爆発しそうになるのでグッとこらえているのです。女性はそれを察してあげましょう。

＊エピソード記憶　事実と経験を記憶する「宣言的記憶」の一種で、その出来事の時間や場所、内容だけでなく喜怒哀楽といった感情も記憶されている。そのため思い出すとそのときの感情もいっしょに蘇る。

家族になってからの心理学

恋愛は似た者同士がよい、夫婦は…？

◆夫婦は違うタイプで補い合うのがいい

恋愛においてはP188で「**同好の報酬性**」に基づいた似た者カップルがうまくいくと述べましたが、夫婦となると話は別です。確かに、趣味や嗜好、性格が似ているほうが共通の話題も多く、共感し合えますが、結婚生活を持続させるにはそれでは不十分なのです。

2人の間に問題が生じたとき、似た者同士だと**近親憎悪**（血縁の近い者や性格の似た者どうしで憎み合うこと）の原因になることがあるからです。また、2人のタイプが似ていると問題解決に必要なスキルが互いに不足していることが多く、なかなか問題が解決しません。カリフォルニア大学の**ロバート・レベンソン**らの調査でも、結婚12年を超えると、性格の共通点に互いに不満を感じるという結論が出ています。

心理学の面から見た理想的な夫婦とは、お互いの欠点や苦手な部分を補い合う関係にあることです。あるいは、互いの得意分野によって、問題解決能力が相乗効果的に何倍にも高まる関係がベストな夫婦と言えるでしょう。

類似性を重視するカップルから、相補性を重視する夫婦へと関係は移り変わります。

◆出会いからの期間で関係性は変わる

心理学者の**マーステイン**は、人が親密になる過程を示した「**SVR理論***」を提唱しています。出会ってからの期間によって、相手のどの部分を特に重要視するかが変わり、それが互いにマ

プラスα アメリカの人類学者ヘレン・フィッシャーによると、恋愛中に大量分泌される快楽ホルモンのドーパミンは徐々に分泌が減り、それに伴って12～18か月で熱愛期間が終わるとされる。

ッチすることが大切だと述べています。**第1段階は刺激ステージ**といい、ここでは特に相手の外見が重視されます。男女間であれば、互いに魅力的と感じる外見であることが交際という次のステップへ進む決め手となります。

第2段階は価値ステージといい、親密な交際がスタートします。ここでは互いの趣味・嗜好、価値観などが同じまたは似ていることが重視されます。そして、**より親密になると第3段階となります。これを役割ステージ**と言い、互いが役割に応じた共同作業や共同行動を重視し、うまくいくと結婚や共同生活に至ります。

重視するポイントは移り変わる

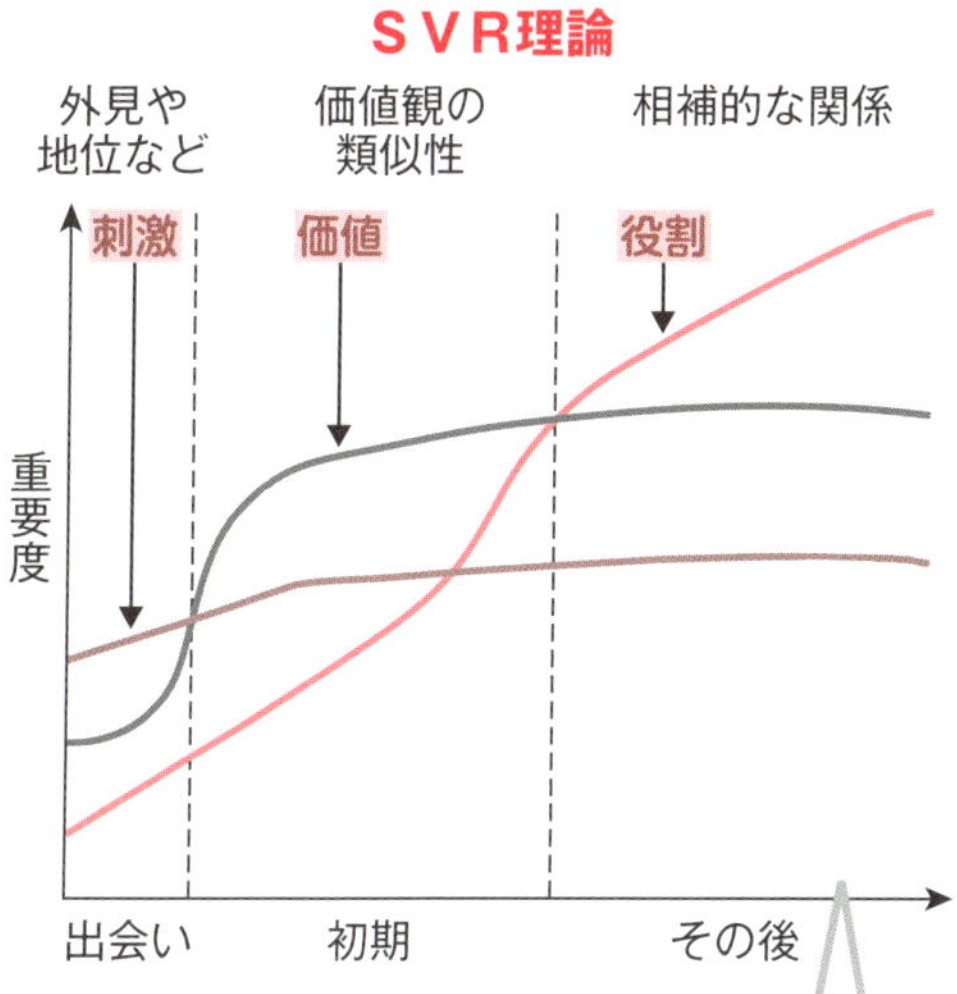

結婚生活が長く続くヒント

ヒント1 ドキドキする関係を保つ
夫婦になってからも節度を失わず、性的魅力をもち続けることが大切。

ヒント2 自分の縄張りを確保する
マイ箸やマイカップ、テーブルの座る位置を決めるなど、お互いの領域を区別しているほうが長続きする。

ヒント3 ワクワクする体験に挑戦する
新しい経験をすると、結婚生活の満足度が上がる。スポーツや共通の趣味でストレスを発散するとよい。

ヒント4 相手を特別扱いする
特別扱いをすれば、相手を喜ばせ、好感や信頼感を持たれる。受けた好意を自分も返そうとする心理も働く。

＊SVR理論　出会いから親密になるには3段階のステップがあるとする説。各段階の名称である刺激(Stimulus)、価値(Value)、役割(Role)のそれぞれの頭文字をとって名づけられた。

する側もされる側も依存しているDV

◆愛情と憎悪が切り替わる

近年、**DV**（ドメスティック・バイオレンス）がらみの事件がたびたびニュースになり、ストーカー行為と相まったケースも増え、深刻な社会問題になっています。DVとは、家庭内や恋人間など限られた関係で発生する身体的または性的な暴力行為や心理的な攻撃のことです。

DVが起こる心理的背景には、まず異常な嫉妬心があります。独占欲が非常に強く、そのため相手を失うことへの恐怖や猜疑心が起こり、引き留める手段として暴力行為に走るのです。

また、現代は社会情勢が厳しく、仕事や対人関係のストレスのはけ口として、自分より弱い相手に暴力を向けるケースも増えています。対人コミュニケーションが苦手な人や、何らかの発達障害が影響している場合もあります。

男性に多いのは、女性より力が強いこととホルモンの影響です。テストステロンという男性ホルモンの分泌の多さが関係しています。

DVは共依存の関係にあります。時折見せるやさしさに惑わされず別れることが大切です。

ミニコラム 「しつけ」と合理化する親

DV共々増加しているのが、わが子への虐待。ニュースなどで見聞きする虐待の様子はあまりに凄惨ですが、当の親たちは「しつけのためにやった」と口をそろえます。自分の行為を正当化しようとしているからです。しかし、しつけの範囲は超えており、単なる言い訳でしかありません。

キーワード デートDV　主に恋人同士の間で起こるDVのこと。近年の調査では、10～20歳代の若い女性に被害者が増えている。ストーカー行為に発展するケースも多い。

DVのループから抜け出せない

DVには大きく3つの期間があり、これを繰り返す悪循環になっています。

①イライラが溜まる緊張状態

加害者のイライラが溜まり、言動が荒っぽくなってくる。被害者は緊張する張りつめた期間。

②心身ともに暴力を振るう

加害者のイライラがピークに達して怒りが爆発し、被害者に激しく暴力を振るう。

悪循環

③謝罪や愛情表現を行う

加害者が大げさに謝り、「二度としない」と言ったり、やさしくなったりする。

共依存の関係

加害者 暴力で支配し、ストレスを発散して快感を得る。

被害者 支えられるのは自分だけと、存在価値を見出す。

◆共依存と排他性が解決を阻む

ではなぜ、DVをする相手から逃げないのでしょう。その理由の1つが「**共依存**」です。

DVをする男性は、暴力を振るった後はやさしくなるという特徴があります。深く反省し、二度としないと誓ったりもします。しかし、一定期間を過ぎると再び暴力を繰り返します。

すると相手の女性は、暴力を振るわれている間だけがまんすればいいとか、自分にも悪いところがあったからだと思い込み、自分が男性を支えてあげなくてはいけないと考えます。そこに自分の価値を見出すのです。こうして共依存の関係となり、抜け出せなくなるのです。

また、家庭内や恋人という関係から、他人の介入を排除する傾向もあります。これを「**対人排他性**」と言います。他人に相談することがなく、外部の人間が問題を把握したり介入しにくいため、さらにDVを助長させてしまうのです。

プラスα 内閣府男女共同参画局の調査によると、配偶者暴力相談支援センターへの相談件数は年々増え、2014年では102,963件で10年前の約2倍に。警察の通報・対応も毎年増加している。

家族になってからの心理学

手のかかる子ほど可愛がってしまうワケ

◆子どもを通して自己願望を満たす

ふつうに考えれば、賢くて親の期待を裏切らない子どものほうがうれしいはずです。

しかし、なぜそれとは真逆の出来の悪い子のほうが可愛く思えるのでしょう。そこには矛盾しながらも納得の理由があります。

賢くて手のかからない子どもだと、親がいちいち手出しする必要がありません。そのため、親としてはもの足りなく、**自我**が満たされなくなります。しかし、出来の悪い子はあれこれ助けてやらねばならず、それによって自分が満たされるため親はうれしく感じるのです。

いわゆる手のかかる子は学校をサボったり、仕事が長続きしなかったりと親をハラハラ心配させることをしがちです。しかし一方で、親の深層心理には「自分もそんなふうに自由気ままに生きたかった」という気持ちがあり、その子が代わりに**願望**を満たしてくれると感じます。するとその子を可愛がりたくなるのです。

親には、子どもの
世話を焼きたく
なったり、子どもに
自分を重ねたりする
心理があります。

ミニコラム **自己実現をする「友だち親子」**

友だち親子とは、友だちのように仲良く食事や買い物に行くなど、親密な関係の親子のこと。お互い気楽で何でも言い合え、甘えることもできます。子どももひとりっ子なら親をきょうだい代わりにでき、親も子どもと共に行動することで願望を叶え、自己実現できるのです。

プラスα 友だち親子が増えた要因には、子どもの数の少なさも影響している。きょうだいが多ければ、親は1人ひとりにかまっていられないが、子どもが少ないと、べったり親密になりやすい。

家庭環境がマザコンをつくり出す

親思いなのはよいことですが、母親に執着するマザー・コンプレックスになると、なかなか自立できません。そこには家庭環境や親の育て方が関係しています。

父親にライバル心を抱かない
➡自立心が形成されない
父親が仕事人間で家庭を顧みない
➡母親に同情する
夫婦仲が悪く父親が暴力を振るう
➡母親を守ろうとする
母親が子離れできない
➡子どもの自立を阻む
母子一体化

◆「自分がいないとダメな子」にする

手がかかるほど可愛いとはいえ、親の干渉が度を超すとさまざまな悪影響を及ぼします。親が自分の自我を満たすために子どもにかかわりすぎると、子どもの成長を妨げるのです。

本来ならば子ども自身にやらせなければならないことでも、「お母さんがいないとダメね」などと言って干渉し、手を出したり口を挟んだりするのです。すると子どもの自立心が奪われ、何もできないまま大人になってしまいます。

社会人になっても上司の指示を待つだけで自主性がないとか、マニュアル以外のことができないという若者が増えているのは、親の**過干渉**が影響しているとも言われています。

最近耳にする「**毒親**」や「**毒母**」も過干渉の1つのタイプです。母娘間に見られ、長年にわたる母親の過干渉によって子どもが心身に不調をきたすケースもあり、問題となっています。

＊毒親　子どもの進路や就職、恋愛・結婚などあらゆることに干渉し、自分の価値観を押しつける親のこと。親には悪気がないことも多いが、子どもは精神的苦痛からうつ病やパニック障害になる場合もある。

家族になってからの心理学

下の子の写真がほとんどアルバムにない

◆写真の数＝愛情の大きさではない

最近ではひとりっ子の家庭も多いのでわからない人もいるかもしれませんが、自分以外にきょうだいがいる人で、しかも自分が長男・長女でない場合、兄や姉に比べてアルバムに自分の写真が少ないと気づいた人も多いはずです。

きょうだいでいっしょに写っている写真はあるものの、自分ひとりで写っている写真の枚数が明らかに長男・長女とは違うのです。もちろん写真の枚数が少ないからといって、愛情をかけてもらっていないわけではありません。

両親にとって第一子である長男・長女は、初めての子育てです。あらゆることが初体験で緊張の連続です。熱心に取り組むあまり、写真の枚数も増えたのです。しかし、下の子になると子育ての経験がある分ゆとりができ、いい意味で手抜きができ、写真の枚数も減ったのです。

「兄や姉と
比べて自分の写真
が少ない」と、
すねた経験は
ありませんか?

◆生まれた順で性格が異なる

「お姉さんぽいのは長女だからだね」とか「末っ子で甘えん坊だ」などとよく言いますが、確かに人は生まれた順番によって性格に違いが出ます。これには両親（養育者）の接し方の違いやきょうだいの有無が深くかかわっています。

まず、親の接し方ですが、長子（いちばん上の子）の場合は親も子育てが手探り状態なため、熱心な分だけ神経質になりがちです。さらに、

＊カイン・コンプレックス　旧約聖書に登場する「カインとアベル」が由来。カインは弟のアベルだけが神の寵愛（ちょうあい）を受けたことに嫉妬し、殺害してしまう。こうしたきょうだい間の嫉妬心を表す言葉。

下にきょうだいが生まれると、長男・長女としての自覚を促されます。その結果、いわゆる長男・長女らしい性格になるのです。一方で、下の子にもやはり特徴的な性格が見られます（左図参照）。

きょうだい間の年齢差や呼び方、きょうだいの男女構成の違いも性格に影響します。

さらに、きょうだいの存在もまた互いの性格に深く影響します。きょうだい同士は対等な関係である一方、頼ったり頼られたりする存在であり、親の愛情を競い合うライバルにもなるからです。こうしたきょうだい間の心理的な葛藤*を「**同胞葛藤**（どうほうかっとう）」と言い、代表的なものに「**カイン・コンプレックス**」があります。

環境が性格や関係を左右する

歳の差が2～4つだったり、名前ではなく「お兄ちゃん」「お姉ちゃん」と呼ぶ家庭では役割が顕著になります。

生まれ順による性格の特徴

上の子
- 責任感がある
- 自制的
- 控えめ
- 世話好き
- 慎重
- 面倒を嫌う

下の子
- 甘えん坊
- 活発
- 頑固
- 依存的
- おしゃべり
- 負けず嫌い

きょうだい関係の特徴

同性	お互いを意識し合い、対抗心が強い。
異性	上の子が強い、専制的な関係になりやすい。
歳が近い	ケンカになりやすいが、仲良しにもなる。
歳が離れている	お互いに干渉しないことが多い。

アドバイス 結婚相手選びにはお互いのきょうだい構成も参考になる。兄として育った男性と妹として育った女性、姉として育った女性と弟として育った男性は、その役割上お互いに相性がよいとされる。

女性は軽く触れるだけで満足だからキスフレOK

最近、若い女性の間でキスまでOKの関係の「キスフレ」がいる人が増えているとか。恋人とは明らかに線が引かれているそうですが、キスフレを持つ心理とはどういうものでしょう?

女性は男性より身体的接触をしたがる

腕を組んだり、手をつなぎたがるように、実は、女性は身体的な接触を好みます。

アメリカの心理学者が行った実験では、妻に電気ショックを与え、男性と手を握っている場合と、誰とも手を握っていない場合のストレス程度を調べました。すると、夫と手を握っているときが最もストレスが軽減され、見知らぬ男性でもある程度ストレスが軽減されました。

つまり、女性は身体的接触があると安心し、気心が知れた相手とならより好ましいのです。

セックスよりキスだけならリスクも少ない

身体的な接触が好きでも、セックスは女性にとってリスキーです。そのため、キスフレは都合がいいと言えます。

フロイトによれば、キス好きな人は「口唇愛的性格（こうしんあいてきせいかく）」に分類されます。性的エネルギーが口唇に向かっている1歳くらいまでの時期に口唇愛が過不足すると、大人になっても口唇に執着し、キス好きになると言います。

第6章

しくみがわかる！
行動からみた世の中

集団に埋もれると人が変わる!?

今日は野球観戦
ワーワー
ひっこめー
ワー
ワー
ワー
ワー
ワー
バッターひっこめーー!!
ひっこめーひっこめー
ヤジひどいね
人はバレないと正体が攻撃性が増すんです
▶P240
先生!いつのまに!?
…って いっしょに来たでしょう…
お、決まったようですよ
ワァァァァァァ
勝ったー
▶P244

ゴミがひどいね
うわー
ひろう?
ハイ!ゴミ
ポイ捨てする人も家族思いだったりするんですよ
へえ〜
▶P249
皆手伝ってくれてもいいのに
もう……
人数が増えても効率が上がるとは限りませんし…
あ
▶P236
人が倒れてる!!
声をかけるべき?
でも誰かが助けるかも…
どうしよう
どうしよう
▶P234
大丈夫ですか?
あ〜大丈夫大丈夫ねちゃったヨ〜
うい〜
先生!さすがです!
個人と集団では行動が変わる

集団になるとエスカレートするいじめ

◆イライラのはけ口を見つけ出す

いじめをする心理は人間の本能であるとするものをはじめ、いくつかの説があります。その1つが「**フラストレーション攻撃仮説**」です。心理学者の**ミラー**と**ダラード**が提唱した説で、人は欲求不満に陥ったり、緊張や葛藤が高まると攻撃行動をとるというものです。そのはけ口に弱い者をいじめるのです。しかも不満や葛藤が多いほど、攻撃性も強くなります。

また、職場の上司と部下、先輩と後輩など明らかな上下関係があると、「統制」に基づいたいじめが発生します。要は自分の欲求不満をぶつけているだけですが、部下や後輩への「指導」という正当な理由があると理由づけしたり、思い込んだりして、いじめているのです。

アメリカの人類学者**ヘンリー**は、「**スケープゴート理論**」を展開しています。集団の平和はひとりの〝スケープゴート＝犠牲者〟の存在によって成り立つというもので、いじめを受けている者はその犠牲者だというのです。

◆集団から浮きたくないから止められない

いじめの問題点は、集団になるといじめの内容がより残酷になり、攻撃性も凶暴性もエスカレートすることです。これは群集心理によるもので、ひとりではできないことでも集団になるとたががはずれやすくなるのです。

集団では同調させる圧力が働くため、不本意でもいじめに加担してしまうことがあります。

プラスα　すべてを指示し、手を出さずに従わせる「専制型リーダー」のもとでは最もいじめが発生しやすい。リーダーの一存で贔屓（ひいき）にしたりいじめたりする相手が決められ、逆らえないため。

集団から浮くといじめられやすい

集団にはほかとそろえさせようとする圧力があるため、集団からはずれている人へ同調するように働きかけます。同調しない場合は見放してしまいます。

集団の圧力
同調しないと…
同調するように働きかける
働きかけをやめて見放す
いじめにつながる恐れも

ただし、いじめる側にも強いストレスがあります。今はいじめる側にいても、いつ自分がターゲットにされるかわかりません。その不安を紛らわすため、ますます攻撃性が高まるのです。

学校や職場などでは**「集団圧力」**が生じ、本当はいじめに加担したくない人でも集団と違う行動をするのを恐れ、いじめに加わってしまいます。また、職場のように明らかに序列がある縦型社会では、上司が専制型（P247参照）だといじめが起こりやすいこともわかっています。

知りたい! いじめを相談できない心理って?

いじめられているのに誰にも相談しないのは、「相対的道徳観」があるから。これは自分中心の考え方ではなく、相手や周囲の人を思いやること。自分がいじめられていることを話して、相手に心配をかけてしまうのが嫌で、誰にも打ち明けずに耐えているのです。まじめなよい子ほどこの傾向があります。

プラスα 職場でのいじめは多様化している。暴言や中傷など精神的な嫌がらせをするモラハラ、部下など立場が弱い相手に嫌がらせをするパワハラ、性的な嫌がらせをするセクハラなどがある。

人から人へと伝わっていく集団の心理

人が道に倒れていても見て見ぬふりをする

◆「誰かが助けるだろう」と思ってしまう

目の前で人が急に倒れたとき、自分ひとりしかその場にいなければ、よほどのことがないかぎり助けようと駆け寄るはずです。

ところが、自分以外に多くの人がいると、とたんに傍観者になります。「誰かほかの人が助けるだろう」と思うのです。しかもこうした心理は、その場のほかの人にも同様に起こります。

これを「**傍観者効果**」と言います。たくさんの人がいると、**責任分散**が起こりやすくなるのです。これは実験でも証明されています。参加者を2人、3人、6人のグループに分け、メンバーのひとりが心臓発作を起こしたときにどう反応するかを調べました。すると、2人グループでは1分以内に85%が援助反応を示したのに、3人グループでは62%、6人グループは3%しか助けようとしませんでした。

これには、援助行動に対する「**相互抑制効果**」が働くことも関係しています。人は自分の行動に自信がないとき、周囲の判断や行動を見て自分の出方を決めます。周囲にたくさん人がいても誰も動かないと、「緊急事態ではない」と判断して助けるのをやめてしまうのです。

緊急事態が発生しても、周りの人が増えるほどに援助行動を起こせなくなります。

◆顔見知りなら助けやすい

逆に、援助行動を起こしやすい場合もあります。例えば、相手が自分の知っている人であれ

プラスα 援助行動には純粋に助けようとする行動のほか、見返りを期待して行う社会的交換理論に基づく援助、同情・共感利他性に基づく援助、自分の苦痛や不快感を解消するための援助などがある。

ばすぐに助けに行きます。この場合の知り合いとは、友だちや会社の同僚などリアルな知り合いだけでなく、ふだん道ですれ違うとか、電車でよく顔を合わせるような「**ファミリア・ストレンジャー**（見慣れた他人）」でも同様です。人は、たとえ名前を知らなくても、よく見かける人には親近感を抱きやすいからです。

また、相手との物理的な距離も影響します。困っている人が遠くにいると傍観者になりがちですが、自分のすぐ近くにいると気づかないふりをしたり、無視したりできないので義務感から援助行動を起こします。

援助行動に至るまでの5つのハードル

緊急事態が発生しても、援助行動を起こすまでには5つの条件を心の中でクリアしています。

事件・事故が発生する

↓

第1ハードル 緊急事態が起こった？

↓ YES

第2ハードル 自分の判断は正しい？

↓ YES

第3ハードル 自分が助けなければならない？

↓ YES

第4ハードル 助ける方法を知っている？

↓ YES

第5ハードル 実際に行動にうつす？

↓ YES

5つのハードルを越えて
はじめて援助行動を起こす

（Baron&Byrne,1977/1984を参考に作成）

ミニコラム キティ・ジェノヴェーゼ殺人事件

1964年にニューヨークで起こったこの殺人事件は傍観者効果の典型例です。キティさんが深夜暴漢に襲われたとき、周囲のビルから38人もの目撃者がいたにもかかわらず、誰も警察に通報するなどの援助行動をとりませんでした。つまり、目撃者全員が「誰かが助けるだろう」と傍観者になったため、キティさんは殺されてしまったのです。

アドバイス 周囲の人に助けを求めるときは相手を指名して、具体的に頼むとよい。「あなたは110番に電話して」とか「あなたは駅員さんを呼んできて」など、個別に頼むと助けてもらいやすくなる。

人から人へと伝わっていく集団の心理

人数が増えるほど能率が下がるワケ

◆三人寄っても文殊(もんじゅ)の知恵にはならない

明日までに仕事の報告書を仕上げなければいけないとき、自分ひとりのときは全力で取り組みます。自分がやらないと終わらないからです。

では、3人で行う場合も同様に全力で取り組むかというと、そうはなりません。「自分ひとりくらいちょっとサボっても大丈夫」という気持ちが生まれ、手抜きをする人が出てくるのです。これを「**社会的手抜き**」、または発見者の名にちなんで「**リンゲルマン効果**」と呼びます。

リンゲルマン効果によって、集団での作業効率は計算上の成果よりも少なくなります。これを「**プロセス・ロス**」と言います。

人数が増えると力を入れる気がなくなる

心理学者のラタネが、被験者に大声を出させたり、拍手させる実験を行った結果、人数が増えるほど個人の出す音量は小さくなりました。

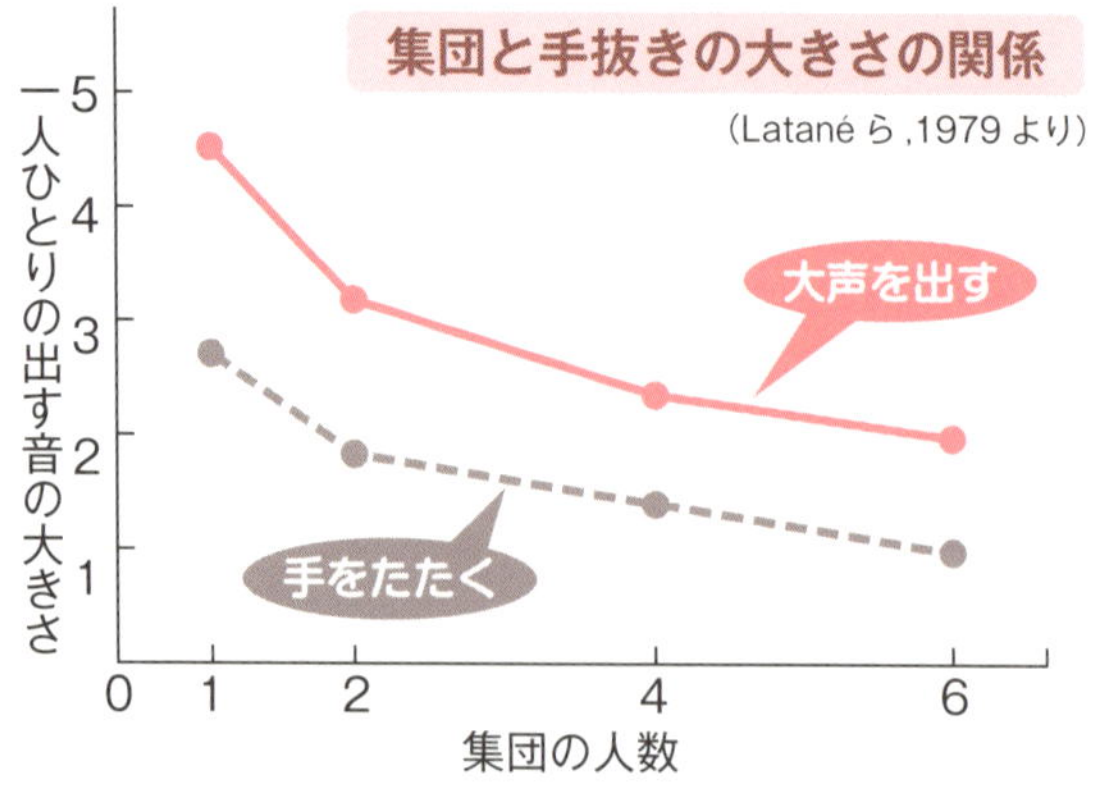

大人数での作業で能率を上げるには、個人の役割分担を決めるのがポイントです。

プラスα リンゲルマンは綱引きによる実験で社会的手抜きを証明した。1対1、3対3、8対8でそれぞれ綱引きを行ったところ、1人が出す力は100%→85%→49%と人数が増えるにつれて低下した。

◆集団になると責任感が低下する

リンゲルマン効果が生じるのは、**「自分ひとりくらい手を抜いても他の人がやるから大丈夫」という責任感の低下が起こる**からです。さらに、集団では協調性が重んじられます。自分だけがまじめにがんばると、周囲から浮いてしまうおそれがあります。そのため仲間はずれより、みんなと同じように手を抜くことを選ぶのです。

一人ひとりの責任が拡散する現象は、**集団が大きくなるほど顕著になります。**特に、**没個性化**（P240参照）した状態だと、無意識のうちに「誰かがやってくれるだろう」「どうせみんなやっている」と責任逃れをしてしまいます。

集団で起こりやすい心理

人は集団になると、個人の見解よりも、周りの様子に流される傾向があります。

責任感が低下する

善悪を集団内の規準で判断する。責任感が薄くなり、罪悪感を感じずに悪事を働くことも。

赤信号でもほかの人が渡っていると渡ってしまう。

同調性を重視する

誰も別の意見を言わず、言っても無視しようとする。全員一致だと錯覚する。

不死身（ふじみ）幻想を抱く

偏った判断をし、楽観的に考えやすい。冷静に判断できず、危険な選択をしがち。

意見が極端に偏る

集団で意思決定をすると、過激になりすぎたり慎重になりすぎたりして、意見が極端に偏りやすい。

プラスα 集団の生産性を調査したところ、結成から１年半ほどまでがピークで、その後は徐々に低下。結成して5年を過ぎると著しく低下するというデータがある。これを「集団硬直化」と言う。

派手なアピールで周りの同意を狙う

◆少数派意見でも集団を動かせる

少数派は多数派の前では無力に思えるでしょう。しかし、必ずしも勝率ゼロではありません。ときに少数派の意見が聞き入れられ、形勢が逆転することがあります。これを「**マイノリティ・インフルエンス**」と言います。

心理学者の**モスコビッチ**が行った実験でも、いくつかの条件がそろえば、少数派の意見が集団に影響することが明らかになっています。

第1に、集団の意見が定まっておらず、流動的で不安定な状態にあること。そこに、積極的に自分たちの意見をプッシュする「**アクティブ・マイノリティ**」が存在することが必須です。

集団の方向性が定まらず不安定なとき、人は周囲に意見を求めます。このとき、たとえ少数派の意見であってもアクティブ・マイノリティが自信を持って強い口調で、一貫した意見を主張すると受け入れられやすくなるのです。

少数派の意見でも、条件がそろえば賛同者を増やして集団を動かすこともできますよ。

実験

一貫した意見は心を動かす?

モスコビッチは実験で、一貫した意見が他人の意見に影響を及ぼすことを証明しました。実験は、4人にさまざまな形・色・大きさの図形を見せ、その特徴を答えさせるもの。このうち1人がサクラで、一貫して色のみを答えました。形や大きさを答えていたほかの参加者も、実験を繰り返すうちに色を答えるようになったのです。

プラスα 少数派が意見を通す方法は2つ。1つは、終始一貫して意見を変えない方法。2つ目は、個人的に信用してもらってから反対意見を主張する方法。信頼を得ると、少数意見でも影響力をもつ。

議会のヤジには意味があった

議会で発言者に送られる拍手やヤジにも、賛同者を増やす意味があります。

この条例を制定するべきです！
その通り！
パチパチ
パチパチ
いいぞ！
そうだそうだ！

◆ヤジを飛ばして賛同者を増やす

人は周囲の意見や雰囲気に影響されます。それを巧みに利用したのが、「**バンドワゴンアピール**（P169参照）」です。バンドワゴンとはお祭りやパレードで太鼓やラッパなどの演奏隊が乗った車のことで、人々は演奏が聞こえてくるだけで気分が高揚します。このように気持ちをあおり立てる効果を言います。

例えば、消費者心理をくすぐるために、スーパーのタイムセールや通販番組などで「残りわずか！」などとあおったり、サクラを使って行列をつくって盛況ぶりをアピールするのは、バンドワゴンアピールの手法によるものです。

また、議会などで「ヤジ」を飛ばすのも自分たちに有利になるように盛り上げているのです。

ちなみに、悪意のあるヤジは匿名性が高い場合に増えますが、油断していると特定されて痛い目に遭うこともあるので気をつけましょう。

キーワード アンダードッグ効果　負け犬効果とも言う。いわゆる同情票を獲得するやり方。自分が劣勢にあることをアピールして、どうか助けてほしいとお願いすることで賛同を得る方法。

人から人へと伝わっていく集団の心理

ネットは匿名だから攻撃性が増す

◆無責任に過激な言動に出る

自分の名前や所属を名乗ったうえで発言したり行動したりするのは、非常に勇気がいることです。善行ならまだしも、悪行であれば大勢の人に身元がバレて非難され、場合によっては法的処分を受けることもあるからです。

しかし、これが**匿名**となると話は別です。自分がどこの誰かわからないとなると責任感が希薄になり、心的ハードルも一気に下がります。これを「**没個性化現象**」と言い、人は没個性化すると攻撃的になることがわかっています。実際に会ってみると拍子抜けするほどごくふつうの人でも、匿名性が増すと残酷な言動に出るのです。ネット上の投稿や書き込みで相手をこっぴどく誹謗中傷し、炎上させるという現象が起こるのは、こうした没個性化が影響しています。

ただし、誰かに仕返しするとか見返したいなどリベンジする場合には、むしろ自分が誰なのかを明らかにしたうえで攻撃に出ます。**自尊心**を回復させるには、自分が誰かを相手に知らしめてやり返すことに意味があるからです。

匿名性が保障されると、責任感が薄くなり、抑制されていた本性が出やすくなります。

◆言葉だけだと印象がキツくなる

仕事でも個人のつきあいでもメールのやりとりをしているとき、メール文にどこか冷たさやキツい印象を受けたことがある人も多いはずです。ちゃんと伝えたはずなのに、誤解されたと

キーワード **KKK**　アメリカの白人至上主義を主張する集団。白い覆面とガウンのコスチュームで知られる。このコスチュームが匿名性を助長し、過激な行動に走らせる要因になっていると考えられる。

自分の正体がバレなければ残酷になる

アメリカの心理学者ジンバルドは、生徒役が答えを間違えるたび、先生役3人が長さを相談して電気ショックを与えるという実験を行い、匿名性と攻撃性の関連を調べました。

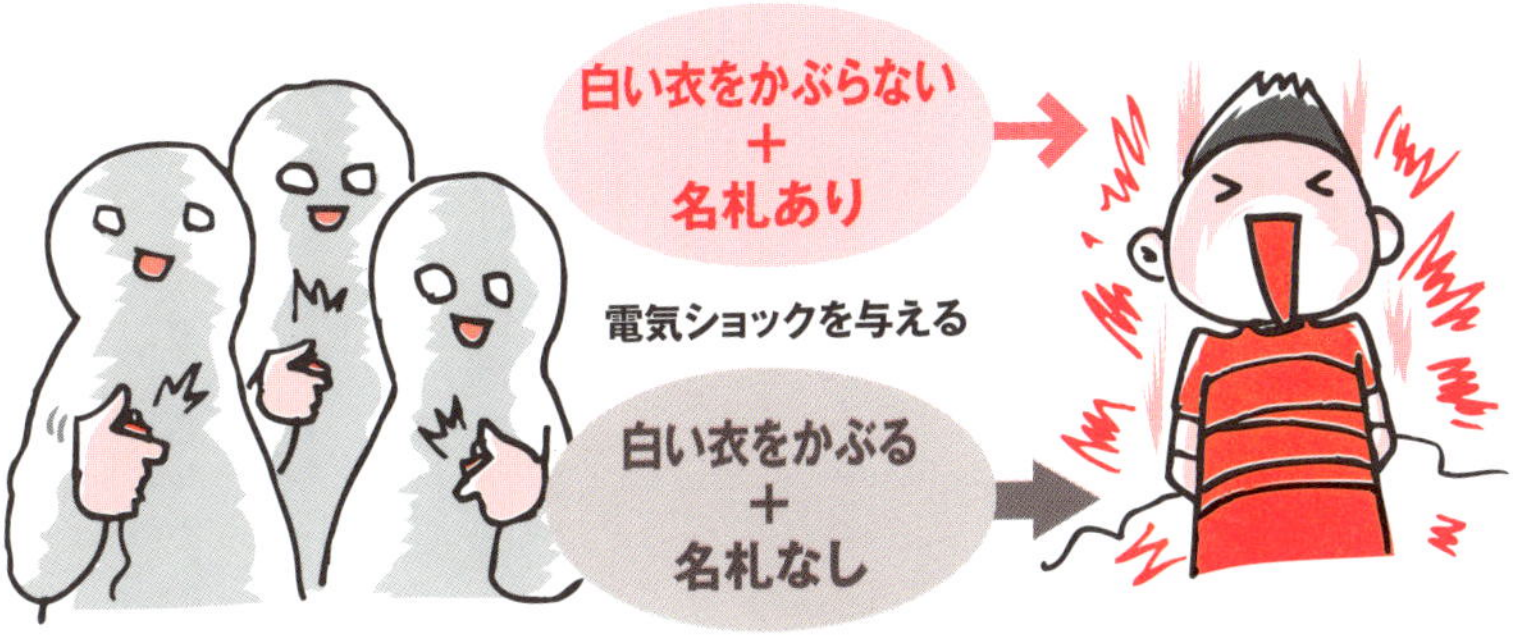

先生役が白い衣をかぶっているときと、かぶらず名札をつけているときで比較した。

匿名のときは2倍長く与え続け、嫌いな相手には攻撃性を強めた

いう経験もあるのではないでしょうか？

実は、メールは相手と対面してのやりとりではないため、**自己中心的**になりやすい傾向があります。

メールとテープ録音、対面という3つの手段で送り手と受け手の受け取り方のギャップを調べた実験でも、メールで正しく中身を理解した受け手は約6割しかいなかったのです。

つまり、重要な用件はメールだけでやりとりするのは非常にリスキーということ。会って話をするか、電話でフォローすることが大切です。

実験

暴力シーンを見ると攻撃的になる？

残虐な犯罪が発生すると、マンガやゲームなどの暴力シーンが影響を及ぼしたなどとよく取り沙汰されます。

確かに、こうした攻撃的映像は暴力の誘因になることがありますが、直接的な原因ではありません。その人の年齢や性格、イライラしていたなど、そのときの状況や気分が影響した結果、暴力行為に走るのです。

プラスα ネットによる匿名のやりとりには良い面もある。ツイッターやLINEなどでは年齢や性別、外見に左右されず、直接会って話すより気楽につきあえる。本音を打ち明けやすいのもメリット。

行動心理からみた近年の出来事

つらいときほど結婚したくなる

◆震災をきっかけに結婚を決意

東日本大震災の後、結婚を決意した人たちが急増したというニュースがありました。その影響で、結婚指輪や婚約指輪などの結婚関連の商品の売り上げが上昇したほどです。こうした現象は過去にも例があり、阪神淡路大震災の直後にも同様の動きが見られたそうです。

大規模な災害に見舞われ、命の危機を感じるような体験をすると大切な人の存在に気づかされるものです。それまで友だちづきあいだった相手を伴侶として意識したり、なかなか結婚に踏み切れなかったカップルが互いの存在を再確認して結婚を決意するに至ったりしたのです。

大災害などで不安や恐怖を感じると、誰かといっしょにいたい気持ちが高まります。

◆つらいときは大切な人といたい

大地震などの災害時にひとりでいるのは非常に心細く、怖いものです。こうした状況下では、人は「**親和欲求**（しんわよっきゅう）」が高まります。

親和欲求とは、家族やきょうだい、恋人など誰か親しい人にそばにいてほしいと思うこと。安心できる誰かといっしょにいることで少しでも不安や恐怖心を和らげたい、支え合いたいと思うのは自然な欲求です。災害が起こると住む場所や仕事を失うこともあり、そうなると家族や家庭だけが唯一の心の寄り所になります。

震災後に結婚を決意する人が増えるのは、こうした親和欲求を満たそうとするからなのです。

プラスα　被災者の約8割にうつ病やPTSDなどの心の病気になるリスクがあると言われる。被災者だけでなく、取材したマスコミや救助にあたった警察官、自衛隊員などもそのリスクが高くなる。

"絆"の風潮が意識を後押し

震災後には「絆」という言葉をたびたび見聞きした人も多いでしょう。そして、自分でも家族や身近な人たちとのつながりの大切さを実感し、これまでよりも重要にとらえるようになったという人も多いはずです。これが顕著に表れたのが、節電への取り組みでした。

東日本大震災後には各地で節電が呼びかけられ、多くの人々が賛同し取り組みました。

そもそも原発問題では、被害を受けた地域とその恩恵を受けていた地域が異なったため、「少しくらいいいだろう」という**社会的ジレンマ**が発生しやすいのですが、大災害後は人々の危機感が高まっていたため団結力が増したのです。

人は、多数派の意見に従う傾向があるため、多くの人が賛同すれば、さらに人々は従うようになります。その結果、多くの人が節電に取り組むことになったのです。

番外編 震災は心に深いダメージを残す

大地震などの被災者の多くは死の恐怖を体験し、自身もケガを負ったり、目の前で人が傷ついたり亡くなったりする場面に遭遇しています。このような非常に強いストレスは心の傷となって長く残ります。これが「PTSD（心的外傷後ストレス障害）」です。

PTSDはすでに安全な状態になっていても災害時の様子をフラッシュバックして再体験したり、物音や光などの刺激に過敏になったりするという症状が現れます。ほとんどは時間の経過に伴い自然に治りますが、震災うつなどに進むケースも多く、適切な治療が不可欠です。

プラスα 震災後に結婚を決めるカップルが増えた一方で、いざというとき頼りにならなかった、自分や自分の家族のことを心配してくれなかったなどの理由でパートナーとの離婚や別れを決意した人も。

日本のチームが勝てば自分まで誇らしい

◆自分の評価も高めたい

サッカーや野球、体操、フィギュアスケートなど、日本人が世界の大舞台で活躍している姿を見たり、ノーベル賞などで日本人の科学者が受賞したりすると、とても誇らしく感じます。こうした現象は身近なところでも見られます。例えば、地元や自分の出身校など、自分とゆかりのある人やチームなどが活躍したときです。

このように自分が属している地域や集団が同じだというだけで、人は愛着を感じて応援したくなります。そこに「**社会的アイデンティティ***」があるからです。アイデンティティとは、自分らしさや自分の存在証明のこと。つまり、社会的アイデンティティとはその地域や集団に属していることが、すなわち自分自身の一部だと思うことです。社会的アイデンティティが評価されると、自分の評価も上がると感じるため、応援したくなるのです。

また、**栄光浴**（えいこうよく）（P156参照）によって、自分の評価を高めたいという気持ちもあります。

◆自分の所属する集団のほうが優秀

人は、ほかの誰かとつながっていたいという「**所属欲求**」があり、地域や学校、会社、友人同士のコミュニティなど何らかの集団に属しています。これを「**内集団**（ないしゅうだん）」と言います。一方、自分たち以外の集まりを「**外集団**（がいしゅうだん）」と呼びます。

自分の所属集団が評価されると、自分の評価も上がったように感じて高揚します。

＊社会的アイデンティティ　ある地域や団体などに属していることがその人らしさの1つの要素となること。「私の学校」「僕の職場」「俺の地元」などと表現するのは、それが自分の一部だと思っているから。

勝利の歓喜は本能的な感情

人には本能的に、周囲と団結して戦ったり応援したりすることで気分が高揚する傾向があります。内集団が勝利した際の一体感や高揚感、陶酔（とうすい）感は、理性を超えた本能的な感情に基づいているのです。

自分の属する内集団や、それにゆかりのある人物やチームを応援したり贔屓（ひいき）にしたりするのは、内集団に対する強い愛着や帰属意識があるからです。自分が応援するチームと一体になって一喜一憂するのはこのためです。

また、外集団に対しては差別的で敵対心を持っており、自分たちのほうが優秀であるという自負もあります。サポーター同士でよくケンカになるのは、自分たち以外の外集団に対して排除性が高まるためです。

知りたい！

「にわかファン」を嫌う心理って？

人気が出たとたんに新しくファンが急増すると、長く応援してきた人たちが「にわかファン」などと揶揄（やゆ）することがあります。これは差別意識や独占欲によるもの。自分たちが長く大切に見守ってきた領域を侵された気分になるのです。一方で人気が出たことをうれしく思う気持ちもあり、複雑な心境です。

プラスα 勝利チームのサポーターが騒いで服を脱ぐのは、解放感や自己顕示欲の表れ。高いところへ登るのは、他を見下して優越感を得るため。勝利で高揚し、日頃抑えられている欲求が表れている。

非常時には大統領の支持率が急上昇

◆9・11直後の支持率は90%

2001年9月11日にアメリカで発生した**同時多発テロ**は、旅客機がワールドトレードセンタービルに激突する映像とともに記憶に残っている人も多いでしょう。崩落するビルや逃げ惑う人々の衝撃的な映像に、世界中の人々が驚愕（きょうがく）し、強い恐怖を覚えました。

この直後、アメリカは報復のためにアフガニスタン、イラクとの戦争を開始することになるのですが、当時の**ブッシュ**＊大統領の支持率は90%近くまで上昇しています。戦争に突入するという状況にもかかわらず、なぜ、多くの国民がブッシュ大統領を支持したのでしょう？

ブッシュ大統領の支持率

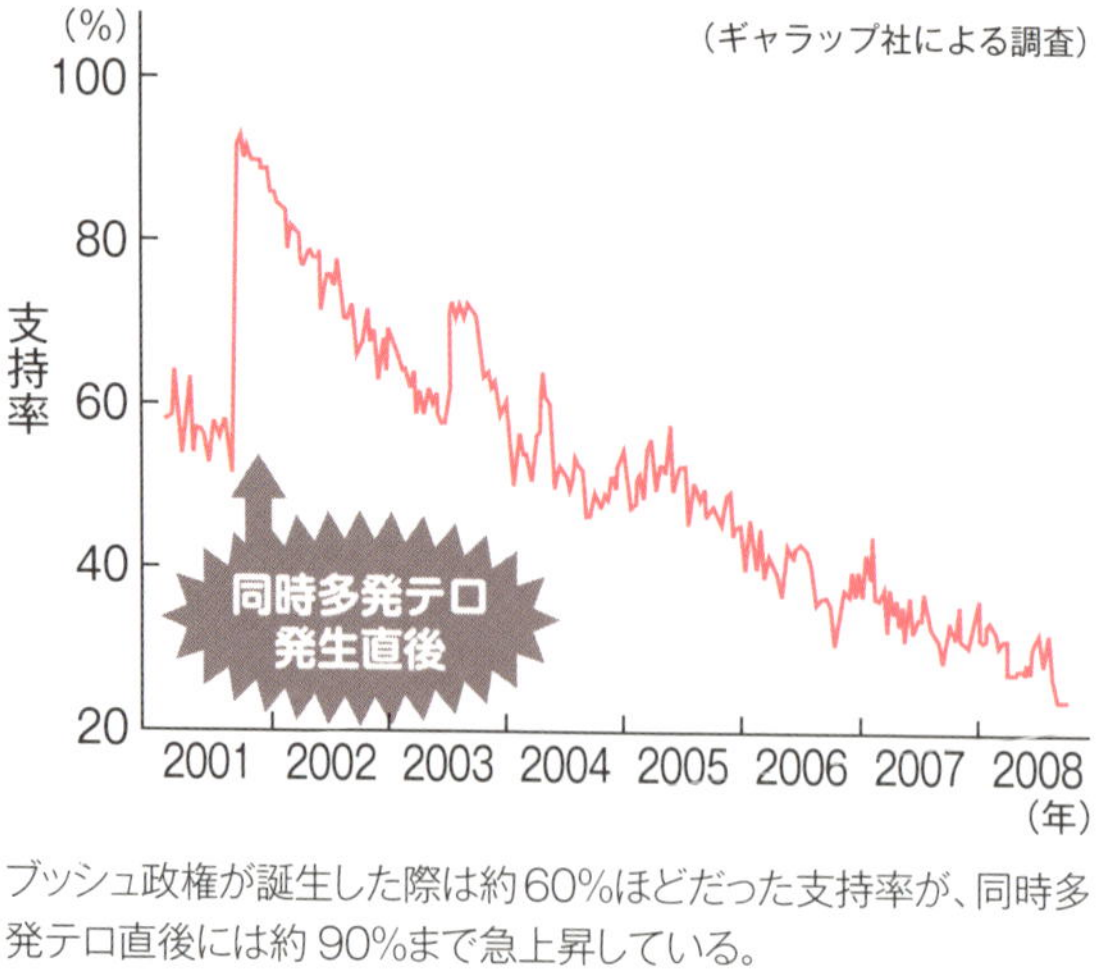

ブッシュ政権が誕生した際は約60%ほどだった支持率が、同時多発テロ直後には約90%まで急上昇している。

＊ジョージ・W・ブッシュ　1946年生まれ。第43代米合衆国大統領。父親のJ・H・W・ブッシュは第41代大統領。父親の最高支持率は湾岸戦争開戦時の89%で歴代1位だったが、後に息子が抜いた。

◆危機的状況ではリーダーの下に集結する

9・11*直後のブッシュ大統領が90%もの高支持率を得たのには理由があります。**非常事態のとき、人はリーダーの下に集い、一致団結して危機を乗り越えようとする**からです。これを「**ラリー・アラウンド・フラッグ（旗下集結）現象**」と言います。この場合は、強い指導力を発揮する**専制型リーダー**が求められます。ブッシュ大統領は、戦争という最も攻撃的な手段をとることで強いリーダー像を示したのです。

ただ、危機的状況が去ると、人々が求めるリーダー像も変わります。その証拠に任期終了間際の支持率は20%近くまで下落しています。

緊急事態に適したリーダーとは？

社会心理学者のレヴィンらは、リーダーのタイプを変えると、集団活動がどのように変化するかを調べました。

専制型リーダー

早急な意思決定を要する場合に適している

自分は作業に加わらず、すべてを細かく指示するリーダー。生産性は高いが、集団の不満が溜まりやすい。

民主型リーダー

平常において最も適している

自分も作業に加わり、ほめたり励ましたりするリーダー。作業はみんなで話し合って決める。生産性、集団の満足度がともに高い。

放任型リーダー

メンバーがハイレベルな場合に適している

作業の決定にも工程にも加わらないリーダー。問われれば方向性のみ教えるが、集団に任せる。生産性は低い。

*9・11（アメリカ同時多発テロ） ニューヨーク、アーリントンなど計4か所でハイジャックされた旅客機を使ったテロ攻撃が発生。このテロによる死亡者は3,025人とされる。

迷惑行為を平気でする人

◆ バレなければ7割がルールを破る

自分は絶対に不正などしないという立派な人もいますが、実は多くの人がバレなければルール破りをしてしまうという調査結果があります。

心理学者のデナーズが学生を対象に実験を行っています。学生に1人ずつテストを受けさせ、終了のベルが鳴ったらやめるように指示をし、学生を残して部屋を出たのです。

すると、学生の71％は指示を守らず、終了のベルが鳴ってもテストをやめずに続けていました。その場に試験の監督官がおらず、バレないとわかっていたために多くの学生がズルをしたのです。

◆ ルールを守るのは罰が怖いから

ルールを守らせるには、道徳観や倫理観を高めるよりも罰則強化が効果的です。これもまた実験によって明らかになっています。

スピード違反の取り締まりの実験で、速度計を設置しただけの場合と、速度計の設置に加えて実際に警官が取り締まった場合とを比較しました。すると、警官がいる場合はそれまで速度オーバーをしていたドライバーの割合が15〜20％から2％にまで減少したのに対し、速度計だけのときは完璧に無視されてしまったのです。スピードの出しすぎが危険だからというより、罰則があることのほうが効果的だったのです。

不快に思う迷惑行為も、誰かわからずバレない状況なら、多くの人がしてしまうのです。

プラスα　危険な行為や命にかかわる場合でもないのに、すごい剣幕でマナー違反を糾弾する人の怒りの本当の原因は別にあることが多い。マナー違反者への怒りという正当な理由づけをしているのだ。

電車で見かける迷惑な人の心理

駅や電車内での迷惑行為のアンケート調査*では「騒々しい会話」が1位という結果が出ています。これらの迷惑行為にも、その人の性格や心理状態が表れています。

2位 脚を広げて座る

電車の座席に脚を広げて座るのは、自分の領域を広げたい気持ちの表れ。他人を拒絶したり、虚勢を張ったりしている状態。

7位 ゴミを放置する

ゴミをポイ捨てする人は、実は親分肌で情に厚く、家族や仲間思いの人。内集団の利益を優先するあまり、それ以外には関心が薄く、どうでもいい。

8位 化粧をする

電車内では自分の領域を侵害されていて不快なため、周りを人とみなさず、見られていると感じない。没個性化状態で、どんな行為もできてしまう。

*日本民営鉄道協会「平成27(2015)年度 駅と電車内の迷惑行為ランキング」

ミニコラム 壁の落書きが犯罪を招く？

窓ガラスが割れて壁も落書きだらけ、ゴミも散乱したまま放置されているような場所は、それだけで治安が悪くなります。これを「割れ窓現象」と言い、いわゆる風紀の乱れが犯罪を呼び込む土壌となるのです。社会心理学者のキース・カイザーの調査でも、こうした地域ではゴミの投げ捨てや窃盗などの犯罪が2倍以上になるという報告もあります。

プラスα 3位：乗降時のマナー、4位：携帯電話・スマホでの通話や着信音、5位：ヘッドホンからの音もれ、6位：荷物の持ち方、9位：電車の床に座る行為、10位：喫煙。

世論をつくり出すマスコミ

テレビで紹介されたものが翌日売り切れる

◆メディアに踊らされてしまう

テレビを観ていると、毎日さまざまな番組内で多種多様な商品が取り上げられています。近年特に多いのが、情報番組などで「ダイエットに効く」とか「血圧が下がる」などと紹介された商品が、次の日にはスーパーやコンビニの棚から一掃されるほど売れてしまうというパターンです。こうした現象は、まさにメディアに踊らされた結果と言えます。

テレビや雑誌などメディアの流す情報に飛びつくのは、そのほうが認知的処理が楽だからです。簡単に言えば、マスコミが情報を事前にセレクトして提供してくれるため、自分で商品を検証したり選んだりする面倒がないからです。

メディアが流す情報を鵜呑み（うの）にする人がいる一方で、自分だけは踊らされないとか、疑ってかかるという人もいます。一般に、その情報に対する関心が高い人や高学歴の人、情報収集力がある人は別の情報源を探るので鵜呑みにしにくく、情報に関心がない、メディア教育のレベルが低い人は鵜呑みにする傾向が見られます。

◆健康にかかわる商品がよく売れる

ところで、人々はマスコミの流す情報のなかでもダイエットや健康関連の情報に最も敏感に反応します。その理由については、**マズロー**の**欲求5段階説**（P107参照）で説明できます。

メディアは私たちの価値観や行動に、大きな影響を与えているのですよ。

キーワード **第三者効果**　メディアの情報に自分だけは踊らされていないとか、自分だけは賢い視聴者だと思っている人に表れる。他人と比べて、自分へのメディアの影響力を低く見積もる傾向があること。

人は、衣食住などの基本的な欲求が満たされると、さらに高い社会的欲求がわいてきます。それが満たされると、さらに上の「**自己実現欲求**」が生まれます。

今の自分より輝く、理想の自分を手に入れたいと思ったとき、ダイエットを成功させて美しいスタイルになることや、健康であることが必要と考え、それに関する情報に飛びつくのです。

特定の商品に人気が集中するしくみ

特定の商品が爆発的に売れるときは、メディアや周囲の人の行動が影響しています。

テレビやネット、雑誌などのメディアで紹介されると、影響を受けて興味がわく。

店で大勢が買い求める様子を見ると、知らなかった人もそれに同調し、商品が欲しくなる。

「テレビで紹介された」と広告を出されると、ハロー効果（P55参照）によって商品がいいものに感じられる。

売り切れだと、カリギュラ効果（P166参照）によって余計に欲しくなり、買えるまで店を巡る。

キーワード　サブリミナル効果　人が知覚できないスピードや情報サイズを利用して視覚や聴覚に情報を送り、脳に刷り込ませること。CMで威力を発揮すると言われていたが、現在では疑問視もされている。

世論をつくり出すマスコミ

無党派層が投票する決め手は？

◆政治に無関心な人は多数派に転ぶ

政治の世界では現政権のスキャンダルや失策などが続くと政権交代の気運が高まり、世論も大きく動き始めます。このように大きな変化を呼ぶ世論が形成されるとき、人は多数派の意見に流れやすいという特有の動きがあります。

ところで、自分の周りを見回してみてふだんから政治に関心が高い人はいますか？　多少の意見はあるものの熱心に論じる人よりは、どちらかというと関心が低く、特に強く支持する政党をもたない無党派層が多く見られます。

特に、日本では若い世代ほど政治に無関心な傾向が強く、いざ選挙が行われても若い人たちの投票率が低いという特徴があります。

実はこうした無党派層のいわゆる〝浮動票〟が重要なのです。なぜなら、無党派層は多数派に意見が流れやすいからです。政治に無関心な人や無党派層の人は、自分の周囲に多い側の意見につく傾向があり、多数派の政党にさらに票が流れます。一方で、少数派は周囲から浮いてしまうため、沈黙しがちでさらに少数になるのです。これを「**沈黙のらせん理論**」と言います。

支持する政党や派閥がないとき、人は多数派に流される傾向にあります。

◆マスコミの伝え方にも影響される

選挙戦や党のイメージアップを図るためにメディアの力が最大限に利用され、それが個人にも強く影響していると思われていますが、実際

プラスα　アメリカでは、選挙の際にメディアで広告活動を行うことが多い。候補者の政策や活動よりも、イメージを伝えるCMのほうが印象に残るという調査結果もあり、選挙結果に影響を与えている。

若者は政治に関心がない？

選挙のたびに若者の政治への無関心が取り沙汰されますが、本当に若者は政治に関心がないのでしょうか。

日本の若者の政治に対する関心度

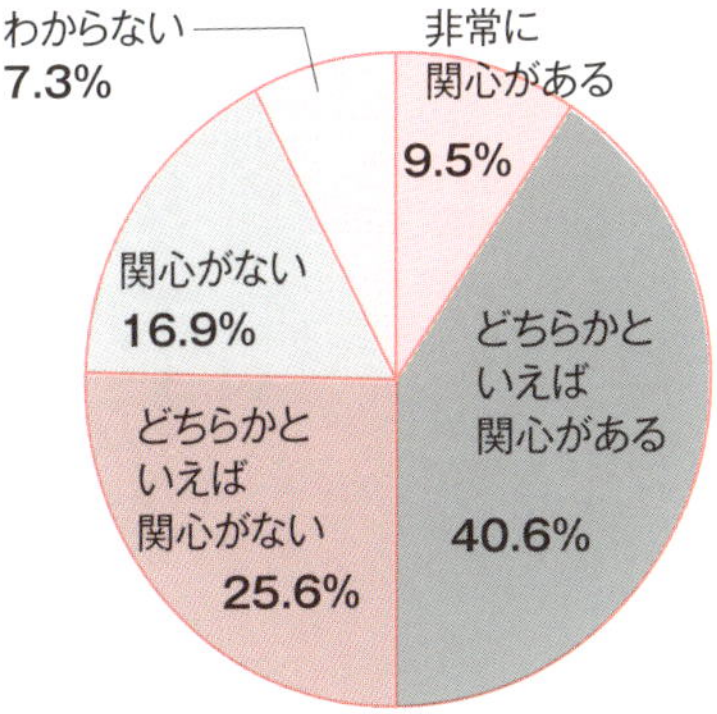

- 子どもや若者対象の政策は対象者に聞くべき…**67.7%**
- 政策決定に参加したい…**35.4%**
- 自分個人の力では政府の決定に影響を与えられない…**61.2%**

若者の約5割は政治に関心があるものの、一方で自分の力では何も変えられないと思っている。

＊内閣府「平成25年度 我が国と諸外国の若者の意識に関する調査」

には直接的な影響力はあまりないと考えられています。人は「**類似性の法則**」が働くため、どちらかというとメディアよりも友だちや周囲の人からの影響を強く受けるからです。

ただし、選挙の出口調査の結果は投票に影響を及ぼします。多数派に流れやすい原理が働くと、調査の結果を見て支持を変える人が出てくるからです。そのため、最近では投票の締め切り前には発表されなくなっています。

ミニコラム

自分の考えに沿う情報を選択している

選挙に限らず、さまざまなデータや情報がメディアによって伝えられます。さらに近年は、インターネットの普及により情報の収集量は格段にアップしています。しかし、こうして集めた情報によって自分の意見が変わることは実はほとんどありません。人は「認知的倹約」によって自分の意見に合った情報を取捨選択し、もともとの自分の意見を補強するほうが多いからです。

プラスα 人は認知的にコストがかかることは面倒に思う。そのため、選挙や投票、議論するときなどではテーマが1つに絞られているとか、是非を問うなどの2択なら関心を持たれやすくなる。

正しく情報が伝わらないと集団パニックに

◆緊急時にはパニックが起こりやすい

大地震や火災などの災害が起こったとき、何より怖いのがパニックに陥ることです。大勢の人がいる場所で集団パニックが起こると大混乱になり、助かる可能性も下がってしまいます。

パニックが起こるのは、不安や恐怖によって混乱し、興奮状態になるからです。加えて、人は自分だけが助かりたいと思うため、勝手な行動をとりがちです。大勢の人が自分の利益を優先して身勝手に動けば、パニックは必至です。

集団パニックでは群集の匿名性が高く、倫理や道徳観のたがはずれがちです。そのため問題行動を起こしやすく、**モッブ**（暴衆）化することがあります。モッブには災害から逃れようとする「**逃走的モッブ**」のほかに、バーゲンなどで商品を奪い合う「**利得的モッブ**」などがありますが、最も危険なのが「**攻撃的モッブ**」です。集団リンチや破壊行動、略奪行為などの犯罪に走ります。

暴動の発生には気温も関係しています。24～30度では暑さによる身体ストレスが増し、暴動が起こりやすくなります。ちなみに、それ以上の気温では暑くて動かなくなります。

災害などの
緊急時にはデマや
流言が流れやすく、
パニックを引き
起こすことも。

◆マスコミの情報が不安をあおることも

災害時や緊急時には情報が頼りですが、それがさらにパニックをあおることもあります。正

プラスα 避難時にパニックになると、人は人を追いかけてより多くの人が進む方向へと殺到しやすい。また、慣れた場所を通りたがるため、元の道へ引き返そうとする傾向もある。

恐怖心から流言が広まる

災害発生
不安
怖い
噴火したりして
より恐ろしいことを信じようとする
流言が広まりパニック発生
大噴火による噴煙が日本全土に
ライフライン寸断！
モッブになる
国外へ！

しい情報でないと逆効果になってしまうのです。

特に、災害時などにはとかくデマや噂話、流言（りゅうげん）が飛び交い、正しい情報が伝わりにくく、マスコミの情報も不安をあおることがあります。すると、さらにパニックが広まるのです。

デマや流言が広がりやすいのは、自分の恐怖心が強ければ強いほど、それに見合った最悪の想定や情報を信じようとするからです。

最近では、SNSやメールなどがデマや流言の出所になることもよくあります。情報の入手経路が多様化したせいで、かえってパニックを起こしやすくなったと言えるのです。

キーワード 誤報効果　火災警報や非常ベルに対し、誤報や訓練で何度も耳にしているうちに信用度が低くなって誰も反応しなくなること。信用度を保つには、誤作動ではないことをすぐに伝えるとよい。

世論をつくり出すマスコミ

新聞やテレビよりもSNSを鵜（う）呑（の）みにする

◆偏見や強調が事実から遠ざける

根拠がなく、まるでデタラメな情報に限って多くの人に伝わるものです。これを**流言**（りゅうげん）といいますが、広まってしまうのには訳があります。

基本的に、流言は悪意で広がることはあまりありません。多くの人が関心を持っている話題なのに、よく事情をわかっていないとか、情報があいまいなとき、誰かの発信した情報がパーッと広まってしまうケースが多いのです。

しかも、その内容は変化しやすいのです。無意識のうちに情報の発信者や伝達者の心理的な操作が加わり、**平均化**や**強調化**が起こるのです。ポイントだけが切り取られたり、強調されたりして事実からかけ離れていきます。

さらに多くの人に広まると、偏見や思い込みで事実がねじ曲がっても、「**同調行動**」によって否定する人がいなくなります。これを「**集団エゴイズム**」と言います。こうなると集団による偏見や思い込みが広まり、定着してしまいます。

赤の他人から拡散した間違った情報でも、知人を通して伝わると信じやすくなります。

◆知人を通すと信じてしまう

最近では多くの人がLINEやツイッター、フェイスブックなどのSNSを利用していますが、これらが流言やデマの拡散を助長することがあります。例えば、東日本大震災の直後には、関東地方のコンビナートで火災が発生して有害

プラスα　デマとは悪意ある中傷など意図してつくられた情報。流言とは意図せず自然に広まってしまった情報。内容は当てにならないことが多い。噂は信頼性が低い情報で、広まる範囲も狭い。

物質が飛散しているから外出してはいけないなど、さまざまな流言が飛び交いました。

災害時には多くの人が強い不安や恐怖を感じており、その不安感を満たすような最悪の情報を信じようとします。そのため、こうした警告を促すような情報に飛びつきやすいのです。

加えて、SNSから得た情報は自分の知り合いや、友だちの知り合いなどが情報発信源であるため、まるっきり知らない人でもないので信用されやすいのです。そのため、チェーンメールやツイッターのリツイートなどによってさらに多くの人に情報が拡散されていったのです。

ウワサ話がいつのまにか真実に

信憑性（しんぴょうせい）の低さにかかわらず、ウワサ話が真実として定着するのには、「説得効果の低下」と「スリーパー効果」の働きがあります。

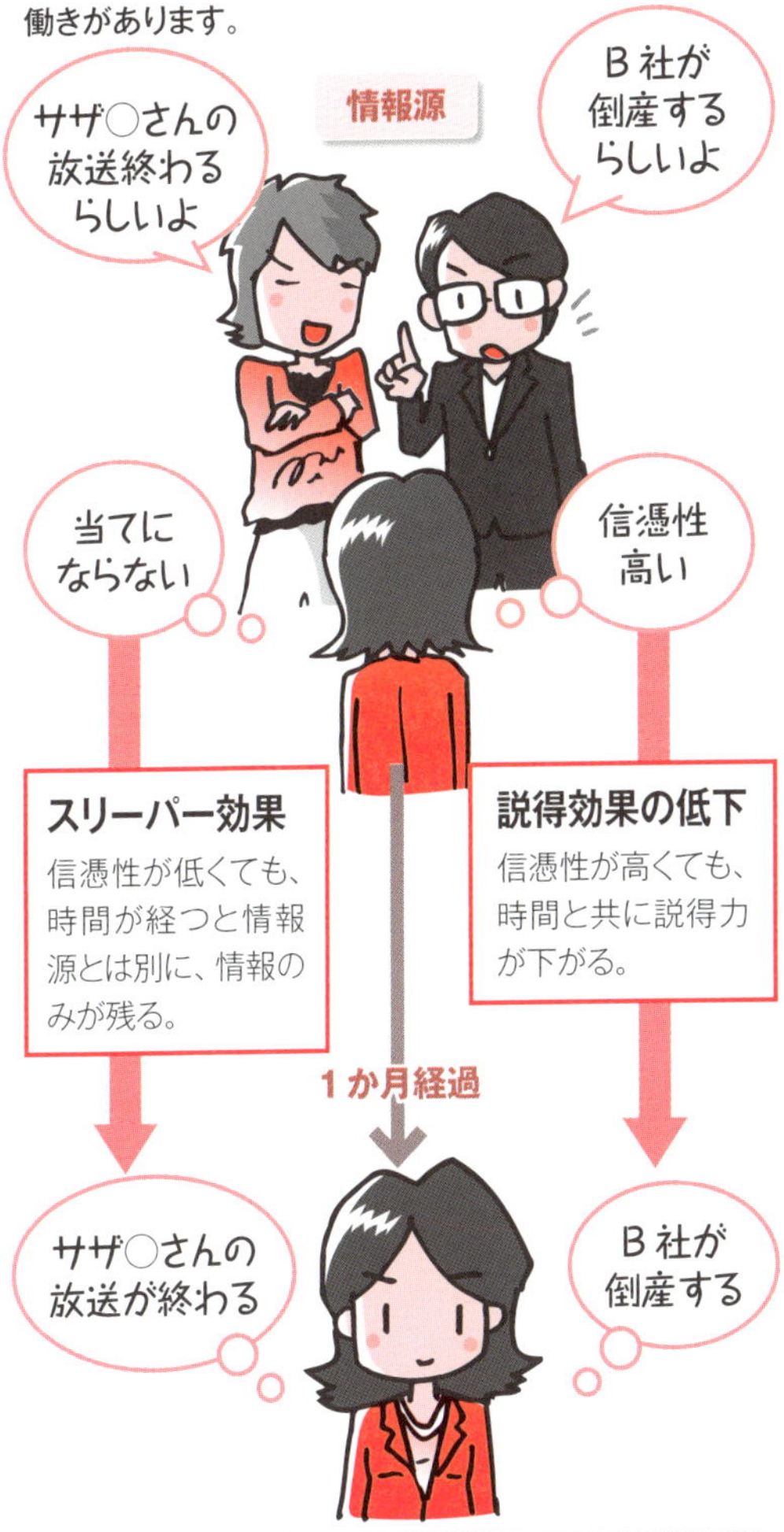

情報源
サザ○さんの放送終わるらしいよ
B社が倒産するらしいよ
当てにならない
信憑性高い
スリーパー効果
信憑性が低くても、時間が経つと情報源とは別に、情報のみが残る。
説得効果の低下
信憑性が高くても、時間と共に説得力が下がる。
1か月経過
サザ○さんの放送が終わる
B社が倒産する

嘘も真実も同程度に信じられる

キーワード **雪崩現象** 情報の信憑性がなくても、ひとりが信用すると雪崩（なだれ）のように多くの人が追随（ついずい）すること。株式投資の世界では、これによって株の大暴落が起こることがある。

な

は

た

さ

あ

か

参考文献

『面白くてよくわかる！恋愛心理学』齊藤勇（アスペクト）
『面白くてよくわかる！社会心理学』齊藤勇（アスペクト）
『欲求心理学トピックス 100』齊藤勇（誠信書房）
『対人心理学トピックス 100　新装版』齊藤勇（誠信書房）
『心理学ビギナーズトピックス 100』齊藤勇（誠信書房）
『図説社会心理学入門』齊藤勇（誠信書房）
『面白いほどよくわかる！「男」がわかる心理学』齊藤勇（西東社）
『面白いほどよくわかる！ 職場の心理学』齊藤勇（西東社）
『保存版　夢分析事典』齊藤勇（成美堂出版）
『ウソがつけない！絶対に試したくなる！悪魔の心理テスト』齊藤勇（蒼竜社）
『思いのままに人をあやつる モノの言い方大全』齊藤勇（宝島社）
『本当の「私」がわかる 自分の心理学』齊藤勇（ナツメ社）
『見た目でわかる 外見心理学』齊藤勇（ナツメ社）
『世の中がわかる！ 社会心理学』齊藤勇（ナツメ社）
『ココロが見える心理学』齊藤勇（ナツメ社）
『人間関係の心理学』齊藤勇（ナツメ社）
『恋愛心理学』齊藤勇（ナツメ社）
『実験心理学―なぜ心理学者は人の心がわかるのか?―』齊藤勇（ナツメ社）
『部下は上司を選べない。だから上司をうまく使え！』齊藤勇（PHP研究所）
『「あまり人とかかわりたくない」人のための心理学』齊藤勇（PHP研究所）
『目からウロコの心理学「心のメカニズム」を解明する 103 の視点！』齊藤勇（PHP研究所）
『グズの心理』齊藤勇（三笠書房）
『心理分析ができる本』齊藤勇（三笠書房）
『植木理恵のすぐに使える 行動心理学』植木理恵（宝島社）
『史上最強図解　よくわかる社会心理学』小口孝司（ナツメ社）
『面白いほどよくわかる！心理学』渋谷昌三（アスペクト）
「別冊宝島 1748 号 ぜったい誰かに話したくなる心理学 100 題」渋谷昌三（宝島社）
『史上最強図解　よくわかる心理学』渋谷昌三（ナツメ社）
『渋谷先生の一度は受けたい授業 今日から使える心理学』渋谷昌三（ナツメ社）
『深層心理』渋谷昌三（ナツメ社）
『今日から使える NLP』鈴木信市（ナツメ社）
『男心・女心の本音がわかる 恋愛心理学』匠英一（ナツメ社）

著者

齊藤　勇（さいとう・いさむ）

立正大学名誉教授、日本ビジネス心理学会会長、大阪経済大学客員教授、ミンダナオ国際大学客員教授、文学博士。山梨県生まれ。早稲田大学大学院文学研究科心理学博士課程修了。恋愛心理学、対人心理学を中心に研究している。『人間関係の心理学』『恋愛心理学』『本当の「私」がわかる 自分の心理学』（ナツメ社）、『自己チュウにはわけがある 対人心理学で分かったこと』（文藝春秋）、『イラストレート心理学入門』（誠信書房）、『真実の自分が見えてくる 保存版 夢分析事典』（成美堂出版）など、著書多数。

スタッフ

編集協力 / オフィス 201（佐野聡美）
デザイン / バラスタジオ
漫画・イラスト / 池田圭吾
執筆協力 / 重信真奈美
校正 / ペーパーハウス
編集担当 / 田丸智子（ナツメ出版企画）

今日から使える 行動心理学

2015年　6月　4日　初版発行
2016年　9月20日　第4刷発行

著　者　齊藤　勇
発行者　田村正隆

発行所　株式会社ナツメ社
東京都千代田区神田神保町 1-52 ナツメ社ビル 1F（〒101-0051）
電話　03（3291）1257（代表）　FAX　03（3291）5761
振替　00130-1-58661
制　作　ナツメ出版企画株式会社
東京都千代田区神田神保町 1-52 ナツメ社ビル 3F（〒101-0051）
電話　03（3295）3921（代表）
印刷所　ラン印刷社

ISBN978-4-8163-5825-8

Printed in Japan

本書に関するお問い合わせは、上記、ナツメ出版企画株式会社までお願いいたします。